三民叢刊175

談歷史 話教學

張 元著

三民書局印行

自序

張元

我一直喜歡讀早期開明書店出的書，讀那些書，好像在聽長者們的談話，平平常常的題目，清清楚楚的語句，卻有著豐富的內容與深刻的意蘊，而態度又是那麼的謙和。我常想，我也能寫得出這樣的一本書嗎？這些年來，我對歷史教學感到興趣，也參與了一些編寫教科書之類的實際工作，有時會想到，我能仿效夏丏尊、葉聖陶合寫的《文心》，也寫一本談歷史教學的書嗎？

大約是六、七年之前，清華大學人文社會學院受教育部之託，主編一套「高級中學社會科叢書」，詢及院內同仁參與撰寫的意願。當我知道叢書以提升高中教學水準為目的，撰者可以自定題目，覺得應該是實現心中願望的好時機，自然不會放棄，就簽下了合約。最初的想法是以學生如何學習為主要內容，後來越發感到高中學生課業繁重，不大可能閱讀長篇文字，還是應該以教師如何講課為主，寫給歷史教師看，供歷史教師參考，可能實際有用一些。要寫些什麼？怎麼寫才好？時時在心中盤桓。

到大學教書之前，我擔任中學專、兼任教師有九年的時間，對中學歷史教師的甘苦，多少有些切身的感受。我感到中學歷史教師很辛苦，教課、出考題、改考卷等等工作，一天下來疲累不堪。回家之後，料理家事，照顧子女，不大可能還有精力去蒐集資料、閱讀論文以準備明日的講課。但是，史學界大都贊同的新解釋不介紹，教育界大力鼓吹的新方法不使用，還是一仍舊貫，照本宣科，終究不是好的教學。那麼，用什麼辦法讓歷史教師能夠在最有限的時間裡得到最多的信息？如何讓歷史教師能夠很快得到許多精彩的歷史論述和教學法上的新觀念，可以立即用於課堂教學？這是我們應該思考的問題。我覺得我們不妨先寫輕鬆一點的書，包含許許多多的論點與建議，儘管鬆散不嚴謹，卻可以讓歷史教師們選擇採用。或許，談話的形式，《文心》的體裁，正符合這樣的構想。我當然知道自己文字素養去夏、葉兩位甚遠，寫不出《文心》那樣優美的篇章，所謂仿效《文心》，只是不辭東施效顰之譏，盡力而為罷了。

我更知道這樣寫出來的書，如果中學歷史教師讀來覺得還算有趣，願意採納其中的一些內容用於實際教學，也只能看作應一時之急，絕對不是長久之計。我深深地希望，史學界的朋友們能夠多為中學的歷史教學寫一些有深度、有內容、嚴謹而又精彩的好書，以支援我們的中學教師；中學教師們也應該提起筆來，把自己的教課心得寫成文章，以便交流經驗，互相切磋。這樣，我們的歷史教學水準才能有所提高，教育改革才能真正落實。這本書就當它是先拋出來的一塊磚吧！

民國八十七年一月

談歷史 話教學

目次

談歷史 話教學

一、週末座談會

聯考放榜，鄒禮民考上著名的H中學，這個暑假自然是過得輕鬆愉快。除了每天晚上八點鐘，老媽會大吼一聲：「禮民，聽空中英語教室！」耳根倒是清靜多了，國三的這一年，老媽每天嘮嘮叨叨，什麼英文總複習做了沒有？數學測驗卷寫了沒有？理化、史地參考書看了沒有？真不知道日子是怎麼過的，想起來都煩。

鄒禮民走進H中學，公布欄前面一大堆人，都是來看編班的新生，他擠了進去，在一年十班的名單中看到自己和程台威的名字，禁不住地叫了一聲「哇噻」。程台威和他國小、國中都是同班，高中又在同班，真是巧極了。鄒禮民想要趕快打電話給台威，跑到公用電話那邊，一看好多人在排隊，一時輪不到，就先到一年十班的教室去看看，沒想到程台威居然在教室門口，正在抄課表。

鄒禮民喊了一聲，「程台威，我們又同班了！」程台威轉過頭來只是輕輕回了一句，「是啊」。鄒禮民愣了一下，程台威接著說：「歷史老師是季澤群，不是儲在勤老師。儲老師的歷史課很有名，我聽我哥說過他，是H中很有特色的一位老師。我們的歷史課不是他教，只能說運氣不好。希望這位季澤群也教得不錯。」

鄒禮民覺得奇怪，為什麼只說歷史老師，就問程台威：「你看其他老師好不好？」程台威說：「我不知道。我只知道儲在勤老師，難道你沒聽說過嗎？」鄒禮民說：「沒有。」程台威說：「考上H中，卻不知道H中有一位儲在勤老師，這就叫孤陋寡聞。好吧，我們回家吧。明天就開學了。」

開學第二天，第一節就是歷史課。

季澤群提了一個皮包走進教室。學生對於這位高高瘦瘦，衣著整齊的年輕老師，第一印象不錯，齊聲高呼：「老師早！」

季澤群口齒清晰，條理分明，講到北京人，打開皮包，拿出一張印刷精美的北京人畫片，詳細比較猿人和現代人長相的不同。然後，特別強調北京人的用火，因為沒有其他任何動物能夠用火，至於用火的好處，季老師在黑板上寫了一、熟食，二、取暖，三、防禦。接著說：

「人們自從懂得熟食之後，腸胃的疾病減少了很多，壽命也就相對延長一些；火有熱力，在寒冷的冬天或晚上，可以用來取暖，使人不會凍死；至於防禦，主要的對象是野獸，野獸怕火，在山洞口點上一堆火，不管是狼還是老虎就不會進山洞咬人。至於北京人生活的情況，最好到臺北市南海路建國中學對面的國立歷史博物館，去看那裡的北京人生活模型，你們看了那些復原的模型，就會對北京人有了深刻的印象。」接著講山頂洞人，……

季老師第二次打開皮包，拿出兩張彩陶和黑陶的畫片，說：

「彩陶文化是在中原的西邊，特徵是陶器上畫上彩色的圖案，這是一條魚，這一個很像人頭；黑陶文化在中原的東邊，特徵是陶器是黑的，而且很硬，很薄，很亮，最薄的陶器像蛋殼一樣薄。」

然後走下講臺，把兩張畫片給同學傳著看一遍。……

下課鈴響，剛剛講完這一節。季老師在學生齊呼「老師再見」聲中，步出教室。

鄒禮民趕緊跑去程台威那裡，急忙問：

「怎麼樣，你看這位季老師如何？不錯吧！」

程台威不停地搖頭，輕聲說：

「不行，不行。」

「我覺得不錯啊！講話那麼清楚，準備又很充分，還帶圖片給我們看，你怎麼說不行，太挑剔了吧！」

「他講的我都知道，對我的歷史知識沒什麼增加，這樣的歷史課不上也罷。差！差！差！」

鄒禮民很不以為然，嗓門提高了一點，說道：

「怎麼，你要季老師另外講一套歷史啊？難道高中的北京人就和國中的北京人不一樣了嗎？北京人就是北京人，最重要的事就是用火，國中聽過，高中再聽一遍，知道得詳細一些，沒什麼不好。歷史就是過去的那些事，多聽一遍，記得清楚，就好了。不要再挑剔了，季老師鑾不錯的，我看很可以了。別老是想著什麼儲在勤，好像到了H中，沒上儲老師的課，就像白來了。沒那麼嚴重吧！」

程台威一直看著略顯激動的鄒禮民，還是那樣輕輕地說：

「同樣是北京人，同樣是仰韶和龍山，我覺得高中的講法就應該和國中不同。再講北京人用火，仰韶是彩陶，龍山是黑陶，我不能忍受，我相信一定會有不同的講法。難道到進了大學上歷史課，還是聽這些嗎？我絕不相信。祇要大學的歷史課和中學不同，高中和國中就應該不一樣，你說對嗎？所以，季老師的課是國中水準，我不滿意。」

鄒禮民想了一想，覺得不無道理，不願再爭辯下去，說道：

「你看季老師教課的態度挺認真的，大家上課情緒也很好，你卻說差、差，不行、不行。太過分了吧！」

「季老師的上課態度很好，我也很尊敬，只是內容太淺，沒得到什麼。我講的話太重，是我的不對，我不應該用那麼激烈的話說他。不過，他的歷史課看來沒法滿足我的要求，我得另外想想辦法。」

「那你就自求多福吧！」

上課鈴響起，鄒禮民回到自己的座位。

吃晚飯的時候，爸爸的好朋友李伯伯來到鄒家，問起禮民，知道已經考上H中，劈頭就是一句：「可惜晚了兩年。」原來李伯伯的意思是儲在勤老師退休了，不教課了。李伯伯談起儲老師，像是極熟的朋友，說他遇到一些上過儲老師課的人，都說印象深刻，收穫很多。鄒禮民說：

「我有一位同學就是他的崇拜者，好像是為了儲老師才唸H中似的，我覺得歷史老師教得不錯，他卻一直搖頭說不行、不行。李伯伯，您能介紹他去拜見儲老師嗎？」

「絕無問題，儲老師最喜歡和年輕人談話，隨時去他都歡迎。不過，最好還是先打個電話，約個時間。」隨手在餐巾紙上寫了一個電話號碼交給鄒禮民。

一個星期六的晚上，七點半鐘。

鄒禮民和程台威走進儲老師住的公寓，開門的是一位白髮老者，笑著說：「進來，進來，來裡面坐。」兩人打過招呼走進書房，看到季澤群老師赫然在座，都吃了一驚。大概是季澤群看出他們吃驚的樣子，先開口做了一點解釋：

「我本來約好昨天來看儲老師，家中有一點事走不開，儲老師就叫我今天來，也說了今晚還有兩位H中的同學要來，好像你們兩位都是我班上的吧！」

鄒禮民和程台威都說：「是的。」

「老師學生一起，高高興興地談談，太好了。我最贊成學生多和老師接觸，多談一點課本外面的東西。在我這裡談什麼都可以，就是不許談考試，談分數。」儲在勤說。

「在你們來之前，我已經被儲老師考倒了，其實只是一個很簡單的問題，為什麼要教歷史？我知道我不能說因為學校設了歷史課，我是歷史老師，所以教歷史。我也知道我不能說歷史知識很重要，每一個學生都應該具備這一類的話，因為這些話都沒有回答問題。儲老師的問題就是問為什麼歷史是一門重要的學科？對於學生來說，它的重要性是什麼？學生可以從歷史中學到那些很重要的東西？我正在思考該怎麼回答的時候，你們進來了。你們大概是有問題要請教儲老師，就由你們先說吧。」

「我看這樣吧！就讓同學們先講講你們對於歷史課抱著怎樣的希望，希望歷史課中可以得到些什麼？當然，同學的想法未必正確，不過也可以聽聽。」

鄒禮民從來沒想過，反正學校排什麼課，學生就上什麼課，至於說想得到什麼，大概就是很好的分數吧。當然，這不能講，講出來太沒水準。這時候程台威說話了：

「要得到豐富的知識，幫助我們認識過去，瞭解現在，以及預測未來。」

儲老師不住地點頭，說：

「講得好，小小年紀，志氣不凡。在今天我已經很少從青年人那裡聽到有志氣的話，聽你這麼說，真是叫人高興。不過，問題恐怕沒有這麼簡單，是蠻複雜的，比如：我們知道一些過去的事情，是不是等於有了一些歷史知識？是不是就算是認識過去？如果認識過去可以瞭解現在的話，要認識多少過去才可以瞭解現在？認識過去與瞭解現在之間的主要關連是什麼？這些都是很麻煩的問題。說得簡單一點，我贊成程同學的說法，但要做到很不容易，儘管不容易，卻是我們教歷史的一個目標，我們應該努力去達成。」

「說起目標」季澤群說：「我們談的應該就是歷史教學的目標是什麼。關於歷史教學的目標，我記得應該是認識民族與文化發展的大勢，培養學生愛國情操這一類的觀念。儲老師是我們歷史教學界的老前輩，不知道您對於這樣的教學目標，能不能同意？」

「歷史教學界的老教前輩，這個光榮稱號我可是不敢當，我只是一個教歷史的老教書匠，對於這一行的手藝比較熟悉而已。我覺得教學目標是每一個從事教書行業的人必須時時放在心裡的頭等大事，要常常問自己我為什麼要教這些？我的目標是什麼？或者認定一個目標，就要在每一節課中設法去達成。我教了四十年的歷史，我的教學目標不是一成不變，而是不斷地修改和調整，特別是最近幾年，可以看到大陸的書籍、期刊，非但知道大陸歷史教學的情形，還透過他們的介紹和翻譯，得到若干蘇聯、英國和日本的訊息，使我的眼界大為開擴，對於歷史教學的目標，也就有了一些新的想法。我看我們大家就來做點功課，把我這裡的一些課程目標讀一讀，自己做點分析和比較，得到的印象一定比聽我一個人講要深刻些。」儲在勤站起來，打開書櫥，抽出一本《高級中學課程標準》，翻到第八十九頁，交給鄒禮民，說：「鄒同學，請你唸一下。」

鄒禮民雙手接過來，唸：

> 目標：一、明瞭中華民族之演進及各宗族間之融合與相互依存之關係；二、明瞭我國歷代政治、經濟、社會、文化等變遷的趨向，特別注重光榮偉大的史實與文化成就，以啟示民族復興之途徑及其應有的努力；三、明瞭世界各國各主要民族演進及其相互之關係與影響；四、明瞭世界文化之演進及現代國際大勢，確立我國對國際應有之態度與責任。

儲在勤說：「唸得很好。」又從書櫥裡找出一本薄薄的期刊，是天津發行的《歷史教學》一九八八年第十期，翻到一篇周孟玲寫的：〈英國近二十年歷史教育狀況及研究成果〉，唸了其中一段，是關於英國的歷史教學目標。

一、培養學生了解、分析世界時事的能力；二、引導學生理解不同時代地域的人和活動，擴展人類經驗的知識，更好地認識人的意義；三、幫助學生認識社會事物長期發展進化的複雜關係和力量；四、訓練學生獨立思考分析判斷的能力和懷疑精神；五、為學生發展課外文化興趣活動提供途徑。

程台威要求儲在勤再簡單地講一遍，他還作了筆記。儲在勤向季澤群說：

「這篇文章很好，介紹英國在歷史教學方面的改革，很全面、很中肯，我讀了之後很感到驚訝，大陸居然有人對英國的事情講得這麼透徹，後來才聽人說作者是一位香港學生，到英國留學，專攻歷史教學，怪不得能寫出這麼好的文章。我說季先生您應該看看，瞭解一下英國歷史教學的情形，我覺得很要緊。這篇文章，就像替我們開了一扇窗子，讓我們得到國外的重要訊息，祇要我們用心去唸，一定可以得到啟發。」

「謝謝儲老師。我雖然教了幾年歷史，有關歷史教學方面的書籍、文章讀得不多，希望儲老師今後多多給予指點。」

「臺灣這方面的書很少，少到幾乎沒有，要看的話只有向外面找，我的英文不好，讀得很慢，也沒讀過什麼。大陸這方面的書籍、雜誌我收集了一些，感覺是數量很多，但內容極其參差，像周孟玲這篇對我們很有啟發的文章，並不多見。我這點資料是對所有有志於提昇歷史教學水準的人開放的，您有空就來翻翻吧，保證比各大圖書館的收藏還要多一點。」

儲在勤說完，又從書櫥裡抽出一本《歷史教學》一九九〇年第四期，翻到張東剛翻譯的〈介紹日本最新頒布的初中歷史教學大綱〉，唸日本的歷史教學目標這段。

一、使學生在了解世界歷史背景的基礎上，認識日本的歷史。通過學習，讓他們從廣闊的視野領會日本文化與傳統的特色，培養他們的國民覺悟；二、使學生注意身近地域的歷史與地理條件的同時，了解歷史各時代的特點以及時代的變遷，讓他們去思考各歷史時代對於今天社會生活的影響；三、使學生加強時代與地域的聯繫，培養他們對為國家、社會和文化的發展、人們生活的進步做出貢獻的歷史人物與流傳至今的文化遺產的理性和尊重的態度；四、使學生了解歷史上國際關係與文化交流的梗概，認識日本和其他國家歷史與文化相互加深的關係，培養他們關心其他民族文化、生活等狀況的國際協調精神；五、通過具體史學的學習，提高學生對歷史的興趣和關心，並運用多種資料，培養他們多角度地考察和公正地判斷歷史事實的能力和態度。

「很不一樣。與我們的不同，與英國的也不同，日本的教學目標很有自己的特色。我們再看看大陸的教學目標吧！」儲在勤說著，又從書櫥裡拿出一本厚厚的《九年制義務教育課程標準》，是一九九〇年上海教育出版社印行的。翻到歷史學科教學目標那頁，唸道：

一、學習中國歷史和世界歷史的基礎知識，了解歷史發展的基本線索，了解重要的歷史事件、歷史人物，以及主要民族和國家不同歷史時期的社會生活，掌握重要的歷史概念，初步理解歷史唯物主義的基本觀點；二、初步了解中國的基本國情，認識人類社會的基本規律，理解只有社會主義才能救中國，只有社會主義才能發展中國，懂得人類社會最終進入共產主義的必然趨勢；三、激發學習歷史的興趣，初步培育科學的思想和社會主義的道德情操，逐步樹立民族自尊心和自信心，培養強烈的愛國主義情感；四、學會概括史實，初步分析歷史事件的因果關係，能對相關的歷史事件、歷史人物進行比較，能初步運用唯物主義基本觀點觀察、分析問題；五、能閱讀淺顯的史料，能使用歷史學習工具書、識別歷史插圖、地圖。初步學會整理歷史知識，會編製簡單的歷史圖表，能口頭與書面表述歷史事實。

「也是很有特色，因為他們說只有社會主義才能救中國，人類社會最終還是進入共產世界，不知道今天還有幾個人真心相信。」儲在勤呵呵地笑了起來，接著說：「必須說明，日本和大陸的教學目標都是他們初中課程的，我沒有見到他們高中課程的課程標準，不知道他們的教學目標怎樣擬訂。不過，沒關係，我們還是可以把這四個教學目標做一點粗略地分析和比較。我們先把教育部公布的教學目標和其他三個來比較一下，看看主要的不同在那裡，鄒同學，你先說說好嗎？」

「主要不同是我們的教學目標比較簡單，其他的都比較複雜，我們的只有四條，他們的都有五條。」鄒禮民說到這裡，看到大家都笑了，就不說了。

「我也是這樣覺得，」儲在勤說：「主要的不同是我們的比較簡單，人家的比較複雜，鄒同學的觀察力很敏銳。為什麼會出現這樣的情形，有一個原因是，我們的教學目標訂定至少已經十年，你們看這本《高級中學課程標準》是民國七十二年印行的，他們都是近幾年擬定的，這說明了其他國家或地區在這幾年裡對歷史教學已經做了比較深入的研究，可以提出比較細密、具體的教學目標。我相信，我們的課程標準修定之後的教學目標也一定不是這麼簡單。所以，比較的意思是幫助我們思考問題，不是來說誰好誰壞。」

「我覺得」季澤群說：「大陸的目標很八股，又是什麼社會主義的道德，又是什麼愛國主義的情感，都是教條，太主觀了。把歷史課當成政治思想教育的手段，是很落伍的做法，而且注定會沒有效果。還是英國和日本的比較理想。」

「我大致上贊成季先生的看法。」儲在勤說：「大陸歷史教學目標的訂立，很受到政治氣候的影響，在思想領域還沒有開放，至少沒有較大幅度的開放的今天，禁區很多，有些話是必須要說的，不可不說的，我們應該設身處地替他們著想。另外，像是愛國主義的情感，我就很贊成；社會主義的道德，我也不反對。問題是如何去達成？藉上課時老師的講述，用注入的方式灌進學生耳朵裡，我想成果一定是微乎其微的。說到這裡，我們可以看一下日本的教學目標，第一條就是培養國民覺悟，難道不也是愛國情操嗎？第三條又要學生理解並尊重歷史人物和文化遺產，也是在提倡民族精神，可見日本的教學目標中有些與海峽兩岸的相當接近，反而和英國的不大一樣，英國的五條之中，沒有一條關於培養愛國主義，民族精神之類的話。到底東方是東方，西方是西方，就是有一些不同的地方。但是還是可以碰頭的，像日本和大陸都把閱讀歷史資料，分析歷史問題的初步能力明白列於目標之中，不能說不是受到英國的影響。程同學，你查查你寫的筆記，英國教學目標之中，你覺得那一條印象最深刻？」

「第四條。它說可以訓練學生獨立思考的能力和懷疑精神，我覺得很吸引人，歷史能讓人學會獨立思考而又有懷疑精神，真是太好了。可是我想不通怎麼做才行，難道老師帶著學生批評教科書嗎？恐怕這樣也不對。」

「當然不對，」儲在勤覺得程台威思考力蠻強的，想問題的能力似乎超過一般學生之上，很認真地回答：「英國人有一套做法，我也不是很清楚，但我想他們一定不會有標準本的教科書，這一點是可以確定的。有了標準本教科書就很難訓練學生的懷疑精神，相反地，要訓練學生的懷疑精神與分析能力就不能有標準本教科書。甚至是否需要教科書都可以討論，我讀周孟玲寫的那篇文章，感覺他們對教科書有些選擇，至少不把教歷史和講教科書看作一件事。」

「教歷史不等於講教科書？」季澤群帶有一點驚奇的口氣說：「那恐怕不可能吧！不講教科書的內容，老師愛講什麼就講什麼，學生上課只是隨便聽聽，下課不必記住課本中的知識，怎麼能夠保證教學質量，也就是傳授一定的歷史知識呢？何況考試的時候，特別是像我們這種大學聯考的重要考試，沒有教科書作為依據，怎麼出題呢？我看不講教科書是不行的，如果這也是改革，那就太過激烈了。」

儲在勤看季澤群有點激動的樣子，趕快插嘴說：「不談考試，不談考試，至少今天晚上不談任何有關考試的事情。我講得太簡單，沒把意思表達清楚，季先生您就有點誤會了。不講教科書的內容，是採用另外一套教學方法，不是老師可以隨便講，學生也無書可唸。至於另外一套的教學方法是什麼又牽涉到教學法的理論，講起來蠻麻煩的，就是教科書的問題也不是三言兩語可以交待清楚，那天我們找個時間仔細談談。今天只談一個問題：為什麼要教歷史。」

「這是一定要向儲老師請教的。」季澤群也感覺到自己的意見有點不夠嚴謹，特別是在像程台威這種學生面前，還是多想一想再講比較好。就說：「也許是自己太依靠教科書，沒把問題想得深一點。儲老師既然說那天找個時間談談，那我就期待這一天早點到來，因為今天依靠教科書來教歷史的老師絕不是少數，這個問題實在很重要。」

「好啊！我最喜歡朋友和同學來這裡輕鬆自在的談問題，最不喜歡聊閒天，東家長西家短的，浪費時間，尤其是像我這樣退休的人，更應該珍惜已經有限的時光，多做點有益的事。啊！你們看我又扯到什麼地方去了，還是言歸正傳，談今晚的主題，為什麼要教歷史？學生從歷史課中應該學到什麼？我們剛剛讀了一點資料，做了一點點分析，似乎可以說是為了回答這個問題做的功課。從那些課程大綱的教學目標中，我們大概可以分為兩類，一類是知識的內容，像我們的教學目標所說的明瞭中華民族及世界各主要民族的演進，歷代各方面變遷的趨向；日本教學目標中要學生了解各時代的特點和時代變遷，以及大概了解歷史上的國際關係和文化概況；大陸更是在第一條就說要學習歷史的基礎知識；並且對基礎知識作了一點說明，包括基本線索、重要的事件與人物，不同的社會生活，還有就是重要的歷史概念和初步的唯物史觀。第二條又說要認識人類社會的基本規律，也可以屬於知識內容方面。至於英國的目標則提及理解不同時代地域的人們活動，認識社會事務長期發展的關係和力量，不過他們顯然不贊成把具體內容寫在教科書上，或由老師來講述，而是主張從旁引導或幫助學生去理解或認識，學生的主動學習是他們強調的地方，這一點相當明顯。至於第二類應該屬於那一方面呢？」

季澤群和程台威幾乎同時說出：「屬於能力方面。」

「是的，」儲在勤點頭笑著說：「是屬於能力方面，可以說是能力的訓練。英國在這方面最為強調，他們教學目標的第一條就是培養學生了解與分析的能力，而且對象是世界時事，第四條也是程同學剛剛提到過的，關於獨立思考分析判斷的能力，英國的歷史教學顯然是把訓練學生的有關能力作為主要目標。日本方面則不大注重，只是在最後講到培養學生公正判斷歷史事實的能力，好像還沒有大陸重視。大陸的歷史教學目標五條之中有兩條是能力的培養，像第四條提到的概括史實、分析因果關係、比較事件與人物、運用唯物史觀討論問題都可以說是能力，要學生學會這些，也就是訓練出學生這些能力。至於第五條則是更具體的閱讀資料、利用圖表、表述事實的能力。如果只是從課程綱要的教學目標上來看，在訓練學生能力方面，大陸比起日本來更接近英國，但是實際的情形如何，則是另外一個問題。說實在的，我不大相信大陸的歷史教學在培育學生能力方面會超過日本，不過，換個角度來想，大陸既然訂定了這個目標，大家去努力追求，總是好事。」儲在勤端起杯子，喝了一口茶。

「臺灣方面呢？」鄒禮民覺得儲老師好像沒講完，就接著問：「我們是不是不大注意培養學生的能力？」

「是的，我們是沒注意到，」儲在勤放下茶杯，說道：「沒注意不是不注重，沒注意是沒有想到歷史教學還可以培養學生的很多能力，沒把學生能力的訓練作為教學上的重要任務，而不是知道了之後，覺得不重要，可以不去強調。我認為任何一門科目，如果對於學生能力發展上沒有幫助，就不值得去學習。課表上的每一門科目，都應該培養學生的某種能力，歷史如果是一門有學習價值的科目，就應該訓練學生一些其他科目不能提供的能力。我們的教學目標顯然是有所遺漏。不過，我已經說過，把我們十多年前的東西和人家近幾年的東西相比較是很不公平的，也是沒有什麼意義的。」

季澤群說：「我們的教學目標中好像有一條特別重視國史上光榮偉大的地方，不知道儲老師對於這種講法是不是同意？」

儲在勤把擱在鄒禮民手邊的《高級中學課程標準》拿起來，翻到第八十九頁，唸道：「特別注重光榮偉大的史實與文化成就，以啟示民族復興之途徑及其應有之努力。」接著說：「就是這句話，我不知道你們的看法怎樣，我是不同意的。我的理由有兩點，第一，歷史是一門認識過去的科目，這個意思程同學已經說過，認識的對象應該是一個比較完整的、全面的過去，當然是經過概括，選出最重要的內容，但仍然是整體的，而不是片面的。所以，特別注重光榮偉大的地方我不同意，只講黑暗醜陋的一面我也反對。況且，中國古代儘管有許多光榮偉大的地方，近代的貧窮落後卻是不爭的事實，我們講歷史一定要對這樣的史實加以解說，那就非要提到一些黑暗醜陋的地方不可，我覺得講歷史最好還是如實的講述。第二，講光榮偉大的歷史，和獲得民族復興途徑的啟示與應有努力，這兩件事之間，存在著怎樣的關係？我很懷疑它們有關連，我覺得是沒什麼關係的。從過去的光榮偉大中激發學生的民族自信心與自豪感，就能使他們下定決心效法前賢先烈，為國家民族之繁榮昌盛犧牲奉獻，只是一種理想，找不到證據可以證明，而且從長期的實踐看來，成效不高副作用卻不少，甚至可以說是一種空想。我認為學生學習歷史，非但需要有所理解，還需要有所體會，這樣才能對於自己的立身處世有所啟發，知道應該對生長於斯的國家和社會有所貢獻，但是方法決不是在歷史課中挑些光榮偉大的事情來講述。」

「我想也是這樣，」季澤群說：「儲老師您認為歷史教師的主要任務就是講述重要的歷史知識，以及訓練學生的一些能力這兩項嗎？學生學習歷史，主要在於獲得一些知識，另外就是某些能力得到訓練與發展，不知道我的了解對不對？」

「這個問題還要多讀多想，不是只看幾條簡單的教學目標就能歸納出來。譬如說，提昇學生的文化修養是不是也算歷史教師的重要任務？如果是的，那它與知識內容和能力訓練之間又有著怎樣的關係？如果不是，為什麼？理由何在？都要仔細思考。今天時間已經不早，你們雖然住在附近，也應該回去休息了。改天再談，好嗎？」

「今天我的收穫很多，有一種勝讀十年書的感覺，」季澤群說：「我爭取到H中來服務，主要的目的就是向前輩學習，我希望儲老師能定下一個時間，我和這兩位同學一起來向儲老師學習。你們兩位願意嗎？」

程台威說：「願意。」

鄒禮民稍稍想了一下，也說：「願意。」

「這樣好了，」儲老師說：「季先生不恥下問，我也很覺得榮幸。你們的功課忙，不可能時常來談談，我看兩個星期一次，遇到考試順延一週，還是訂在星期六晚上，地點依舊是舍下，你們覺得如何？」

「太好了！」季澤群說：「平時星期六都在家裡看電視，睡覺前常常感到混了一晚上，心裡就不舒服，能夠來向儲老師請教學習，實在太好了。」

「那麼，」儲在勤笑著說：「我們就叫它週末座談會吧！」

二、從北京人談起

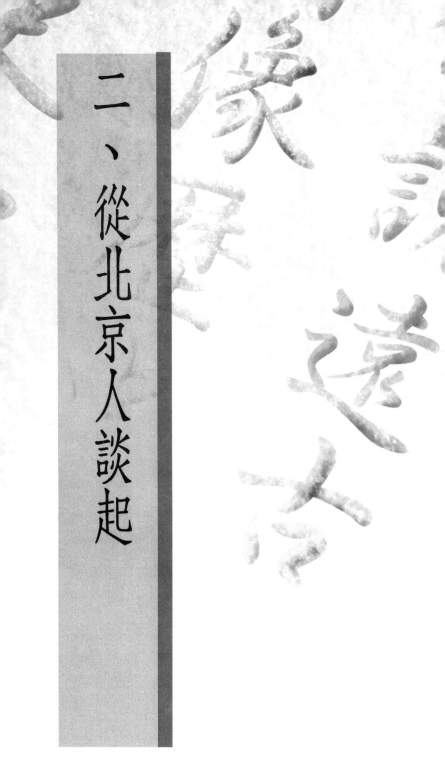

兩個星期後的週末晚上七點半鐘，季澤群、鄒禮民和程台威坐在儲在勤書房裡前次坐過的老位子上，儲太太端茶進來，客人起身雙手接下，儲太太走出時輕輕拉上房門。

「談什麼呢？」儲在勤先客氣地問了一下，「自由談也得有個主題。這樣吧，季先生剛從國中調到高中，先講講高中的教學與國中相比，您覺得有那些不同？」

「其實沒什麼不同，」季澤群說：「第一，教科書的內容相當重複，國中講北京人，彩陶、黑陶，高中也是這些，雖然高中講新石器時代多了一點食、衣、住的生活描述，我在國中也講的，感覺上十分雷同；第二，教學方法也是以演講為主，要把課本中每個地方都講到，時間相當的緊迫，不大可能與同學討論，這種情形高中和國中也是一樣。」

「高中的教學和國中的教學應該有著怎樣的區別，是一個大問題，不是我們這個小小的座談會能夠討論。而且，與其泛泛而談，不如舉一個實際的題目來分析。季先生以舊石器時代和新石器時代為例，談到教高中與教國中沒什麼不同，那我們就以這個課題作為討論的對象，看看能不能把高中與國中的教學區別出來，特別著重在高中在國中的基礎上應該怎麼教，既可以避免重複，又能夠達到高中教學的目標。好了，我們今晚的談話主題已經有了，就是高中課程舊石器時代與新石器時代的教與學。所以，先請兩位同學講，聽了季老師課的感想。

我還要聲明一點，我們是民主時代的人，每一個人都要有接納別人批評的雅量，同時也要有提出不同意見的勇氣，最最重要的，就是講真心話，心中怎樣認定，就把它講出來。不要言不由衷，盡說一些敷衍、應酬、專門討好別人的話，那些都是專制時代的產物，應該拋棄掉才對。」

「我覺得沒什麼收穫，」程台威說：「季老師講課很清楚，準備很充足，態度很認真。但是，講的內容似乎太淺，我在國中幾乎都已經聽過了，我不覺得高中有再聽一遍的必要。這是我心裡的話。」

「我不同意，」鄒禮民說：「國中聽過，印象已經模糊，準備聯考只是讀課本，考完也忘得差不多了。季老師講得很清楚動聽，還拿圖片給我們看。比國一那位老師講得好。我覺得有收穫，這也是我心裡的話。」

儲在勤呵呵地笑了起來，說：「季先生，您的教學要改呢？還是不改呢？您獲得一半的支持呢！」

「當然要改。」季澤群語氣很堅定，「台威的批評我完全接受。我很清楚自己講的內容和國中差別不大，而且主要是依據教科書講，好像沒法講出深度。非改不可。」

「我沒有批評老師，我只是說出真正的感想而已。」程台威趕緊聲明。

「台威沒有批評季老師。」儲在勤說：「我們好像又有一個新的話題，學生能不能夠批評老師？在民主時代學生對老師有意見，覺得老師的言行有不妥當的地方，為什麼不能提出批評呢？我認為學生可以批評老師，不過，語氣一定要和緩，態度一定要誠懇，千萬不能學立法院裡某些立法委員質詢行政官員時那種咄咄逼人的口氣。如果說用和緩語氣來講就不是批評，而是建議、商榷，那我也是贊成學生多給老師一些建議，多與老師商榷一些問題。總之，把學生管成像乖寶寶一樣，對於學生的生長與學習絕無好處。好了，不要扯遠了，再回到今天的主題吧！」

「高中不講北京人用火，要講什麼？」鄒禮民首先發難，砲口顯然指向程台威。

「高中講北京人，確實不能再只說他用火。」儲在勤好像在為程台威解圍。「國中課本上說北京人已經知道用火，老師講到這裡，一定會講『火』有什麼用處，一定會講到熟食、禦寒和防備野獸的侵襲。國中的歷史老師上課時不會只說北京人已經知道用火，不會只說同學請記住，已經知道用火的是北京人，不是後來的山頂洞人。不可能的。就像講到仰韶、龍山，彩陶、黑陶的時候，一定會講使用這些陶器的人過著怎樣的生活，他們吃些什麼，穿什麼質料的衣服，住在怎樣的房子裡。如果老師連這些都不講，我不知道他怎麼打發上課的五十分鐘，當然我更懷疑他是否具有擔任歷史老師的資格。所以，高中老師在上課之時應該先想一想，在這一課內容裡，國中老師會講些什麼？國中老師應該講的東西，就是我們講的東西的基礎，我們要在這個基礎上搭房子。譬如說，我們想國中老師一定會講北京人知道用火以及火的用處，那我們就講點別的。比如：我們可以講北京人的發現經過。北京人是在周口店被考古學者找到的，為什麼考古學者會到周口店去找？這個問題就值得一談。我記得《歷史月刊》上有介紹北京人發現經過的文章，可以找來看看，甚至可以印成講義發給學生作為補充教材。但是，北京人用火也不是不能再講，要看怎麼講，火的用處，熟食這些是不能再講了。可以換一個方向，問學生一個問題，北京人用的火是那裡來的？是從樹木受到雷擊起火的地方引來的天然火？還是自己想辦法點燃的人工火？禮民、台威，你們說說看。」

程台威說：「是自己點燃的人工火，用石頭互相敲擊可以爆出火花，或者鑽木取火，像燧人氏那樣。」

「這樣說來，北京人就可能是燧人氏了。」儲在勤說：「台威，你這麼說，有證據嗎？」

「沒有。」

「從北京人留下用火的痕跡，就是那成堆的餘燼看來，北京人用的可能是天然火。他們有保存火種的方法，不用的時候用細砂蓋上，用的時候一吹，火就可以燃起。還要注意的是，這些成堆的餘燼都在山洞裡面，可以知道他們是在洞裡面生火，那麼，他們會碰到什麼問題呢？」

「煙的問題。」季澤群說。

「是的，一定要把煙排出去才行，不然會嗆死人的，他們能夠長期在洞裡用火，就表示他們已經有了排煙的辦法。這是一件小事，卻說明了舊石器時代的人們在解決實際生活問題的時候，已經展現了一定的智慧。」儲在勤接著說：「舊石器時代留下的東西太少，讓我們感到什麼都沒有，好像是黎明前的漫漫長夜，實際的情形恐怕不是如此。對了，季先生您讀過張光直的書吧！」

「我有他的《中國青銅時代》，聯經出版的，也看過其中幾篇文章，他是著名的考古學家。」

「對的，他的《考古學專題六講》，您看過嗎？」

「沒有。是那裡出版的？」

「原書是北京文物出版社，臺北的稻鄉出版社有繁體字的排印本，很值得細讀。我一直覺得，一個歷史教師，在上課的時候應該要言不煩，不必講得太多，可是一定要知道得多，平常必須多讀書，而且是多讀好書，只有在自己知識提高到某一程度，才能在講課時深入淺出，要言不煩。如果一位歷史教師，只知道他上課時講的那一點東西，或者要把他知道的都在課堂上講出來，都是一件十分恐怖的事。所以，有些書的內容在上課時不見得派上用場，但也值得細讀，我覺得張光直的這本《六講》，就是屬於這一類的書。這本書中張光直提出了他對舊石器時代文化的理論解釋，相當精彩。」儲在勤站起來，從書櫥裡找出這本書，翻開前言，要程台威唸一段：

> 為了使本書的讀者理解我所闡述的若干看法，我想，不妨把自己在專業上的學習過程介紹一下。
>
> 我是在北京生長的，並且在北京讀了小學和中學。我的祖籍是臺灣，所以，抗戰勝利以後，我就回到了祖國的臺灣。不久，以前在南京的中央研究院歷史語言研究所遷到台北，李濟、董作賓，以及其他考古學、人類學的前輩學者們在臺灣大學成立了一個考古人類學系，我便報考了這個新系。
>
> 我所以報考考古人類學系，是由於早年所受的一些影響。我很小的時候，便熟讀過一本書，叫作《人類學泛論》，著者是日本的西村真次教授。我的父親張我軍先生是搞日本文學的，他把這本書翻譯成了中文，一九三一年在上海神州國光社印行。我不知道這本書在中國有沒有過任何影響力，但是，因為我從小

便守著這本書，對書裡的人類進化史、石器時代等等，很感興趣，它對於我確實有過不淺的影響。一九四八年，我在臺北坊間又買到一本上海商務印書館出版的新書，叫《中國史前時期之研究》，是裴文中先生寫的。這是我所知道的第一本用中文寫的關於中國史前考古的書。裴文中先生在這本書裡把當時從舊石器時代到新石器時代的資料與研究成果作了初步的綜合。同時，在這書裡，裴先生又發了不少牢騷，說中國的考古可以說遍地是黃金，俯拾即是，但是有才華有志氣的讀書人卻很少有學考古的。他說，希望在將來的中國有很多人走這條路，希望各大學有考古學系，並且希望成立一個中國考古學會。看了裴先生這本書以後，我對這門學問更加嚮往。

一九五四年，我從臺大考古人類學系畢業。不久，我又到美國哈佛大學人類學系讀研究生。畢業之後，先在耶魯大學，後來又回到哈佛大學，從事人類學和考古學的教學和研究工作。從一九五一年開始，我就參加了田野考古工作，除了臺灣的田野考古以外，還參加過北美和法國舊石器時代遺址的發掘。

「謝謝台威。」儲在勤接過書來，說：「這本書是張光直於一九八四年在北京大學的幾次演講的講稿整理出來的，張光直是一位很有成就的考古學家，主要從事中國考古學的教學與研究工作，也是中央研究院的院士。他的著作，中學生無法理解，但是，這一段學習的過程我卻覺得可以介紹給高中生閱讀。我的想法是：第一，高中階段歷史老師應該介紹一點歷史學的方法，讓學生開始了解過去是怎樣被認識的。這時候，自然而然介紹幾位最重要的歷史學家，例如：講史前文化的時候，一定會講到張光直，這時做一點簡單的介紹有利於學生的了解，也應該在高中學生理解能力範圍之內。當然，我相信會有不同的意見，甚至有人認為講研究方法是屬於研究所層次，大學歷史系的學生也只需要記得一些史實就好了，這是我絕不同意的。季先生，您的意見呢？」

「對高中生介紹歷史學家，我沒想過，不能發表意見。我可以在講課中試一試，看看學生的反應如何，再向您報告。」

「我也不是憑空想像，」儲在勤說：「這是我實際教學的經驗之談，至於能不能普遍推行，還要多收集點資料和數據，再作分析。季先生願意試試，非常好。再說第二點，許多有成就的大學者，他們研究學問的興趣、志向以及基礎能力都是在高中階段養成的。就以張光直為例，裴文中的這本書對他影響很大，他是一九五四年大學畢業，讀這本書是在一九四八年，正是高一升高二的時候。我們也知道，裴文中是著名的考古學家，北京人就是他挖出來的。我的意思是，高中老師應該多多介紹本科著名學者的學習過程，特別是在中學階段的情形，讓學生從這裡了解一門學問最初步的學習方法，也可以藉此探知自己真正的興趣所在，並為進入大學求學奠定廣博的基礎。對了，應該問問同學的意見，你們才是學習的主體。老師上課時介紹一些學者，又發一點關於這些學者求學經過的文章，你們喜歡嗎？」

「我會喜歡，」程台威說：「只要不照著課本講些瑣瑣碎碎的事，多講點有深度的課外知識，我都喜歡。」

「我也喜歡，」鄒禮民說：「不過，要講得有趣，最好穿插一些小故事。另外，考試時不能考，不然我們的負擔就太重了。」

「禮民說得對，」儲在勤蠻喜歡鄒禮民的直爽，說：「歷史課第一要求就是有趣。把歷史講得瑣碎、呆刻、枯燥、沉悶，還不如不講。」

「我覺得有一點問題，」季澤群說：「理論上我贊成儲老師的看法，實際上恐怕會有些窒礙難行的地方。就以張光直這個例子來說，第一，我對張光直所知很少，只知道他是一位著名的考古學家，那我在課堂上怎麼介紹他呢？第二，至於台威唸的這段文字，有沒有製成講義，發給學生讀的價值，我很懷疑，至少不符合禮民所說有趣的要求。第三，儲老師說有些事情老師應該知道，但不必在課堂上講，像張光直對舊石器時代的理論解釋，如果不適於講給學生聽，那怎麼介紹張光直？從什麼地方說起呢？這是我的疑惑，大概也是實際的困難。」

「實際情形的確有著這些困難，但既然理論上講得通，就應該設法去克服那些困難。」儲在勤先表明他的堅定立場，接著說：「張光直只是一個例子，藉這個例子來說明一些道理。季先生說對張光直所知有限，那麼就有兩個選擇，一是不談張光直，一是去看一些關於張光直的文章，了解一下這個人和他的學問。我們應該是選那一條路來走呢？我相信季先生一定不會選第一條路，而是走第二條路。問題又來了，介紹張光直的文章在那裡？從那裡可以找到？我覺得這就是平時泛觀博覽，看些閑書以及與朋友談天說地的好處，長期下來就會積累不少這方面的消息，獲得相當有用的情報。平時既不喜歡閱讀，又沒有朋友可以交換一些閱讀的心得感想，臨時要找，當然是什麼也找不到。再以張光直為例，我手上就有兩篇介紹他的文章，都登在大陸三聯書店出的刊物《讀書》上面。」講到這裡，就從一排整齊的《讀書》中找出兩本，稍微翻了一下，順手遞給季澤群。

「一篇是李學勤寫的〈夏商周離我們有多遠？〉，在一九九〇年三月號上，另一篇是張鳳寫的〈為冷門科學獻身——記張光直教授〉是一九九三年八月的文章。李學勤是大陸社會科學院歷史研究所所長，臺灣出過他的《中國青銅器的奧秘》，也是一本精彩的好書，他寫張光直，偏重於學術研究方面，特別是關於三代的見解。張鳳是什麼人，我不知道，他寫的比較淺近，講了一點張光直的身世和家庭，也談了一些研究工作的情形。這兩篇文章就可以讓我們對張光直有一個概括的印象。我還得再強調一下，許多資料是需要平常收集的，歷史教師需要平時留心，到時候才有東西可講。關於台威唸的那段話，我也不覺得有印給學生看的必要，那只是一個例子，確實不很恰當，但我相信可以找到學者談讀書、談治學的好文章，印給學生，讓他們多看看，一定會給他們不少啟發的。最後，關於怎樣向學生介紹張光直，我贊成季先生的說法，不能為了介紹張光直就對學生講他的舊石器時代理論解釋——『瑪雅中國文化連續體』的觀念，講舊石器時代的時候，確實可以不提張光直。」

「這兩篇文章適合我們高一學生看嗎？」程台威問。

「張鳳的這篇應該可以，李學勤的那篇深了點，大學生都未必看得下去。」儲在勤答。

「只要實際困難能夠克服，比如可以找到一些資料，我當然也願意講重要學者的事情。我只覺得整個學校裡很少人談這些，實在找不到相關的資訊，像這本《讀書》，我就從來沒有聽說過。」季澤群似乎還是認為難以落實。

「所以要參加週末座談會啊！」儲在勤笑了起來，「今天晚上，你知道有一個叫《讀書》的刊物，就有大收穫。這也許是我的主觀偏見，我對這個刊物特別偏愛。」

「謝謝儲老師的介紹，」季澤群說：「儲老師能不能請您談談新石器時代該怎麼教？」

「好，要講新石器時代，先得知道新石器時代的大概情形，只講石器是磨製的、使用陶器、發明農業，恐怕是不夠的，主要理由是國中歷史課可能已經講過。當然，高中可以講得深一點。不過，我想可以設計一個新的教學方法，只怕季先生又認為難以實施呢。」儲在勤說著就從另一邊的書架上翻查《簡明大英百科全書》，找到「新石器時代」這一條，叫鄒禮民唸：

> 新石器時代 Neolithic Period 人類發展的古代文化階段或水平。以磨製石器為特徵。在大多數模式中，處於舊石器時代或打製石器時代之後，青銅時代或金屬器時代早期之前。新石器階段形成於全新世（地球歷史的最近的一萬年）開始時期，與早期人類歷史截然不同，氣候、地理、生物環境等方面的特徵基本上都與現代相似。人類開始從事畜牧和耕種，對環境改進也遠較以前規模為大。社會結構因適應新問題處理新情況變得更為複雜了。新石器時代的生活，馴化動物同農業一樣重要。石料工具和武器是磨製的，還能採礦。社區漸趨固定，並特意在空曠地方建造起住房。考古調查是新石器時代生活及其時代面貌的主要知識來源。顯然，先於新石器時代的漁獵採集文化，對自然環境進行有效的

利用，是能夠維持高水平生活的。他們生活在相對穩定的、多少是永久性的村落裡，而且能夠維持複雜的社會結構和組織——這些都無需依靠通常所說的農業耕作和動物馴化才能達到。人們收穫自然生長的穀類，這些就是馴化穀類的祖先。許多具有新石器時代人類居住區特徵的遺址被發現，但沒有馴化動物（或許狗是例外）或沒有進行任何農業的跡象。不過，曾存在永久性村落或至少是季節性村落，生活方式是比較安定的。這似乎說明，在新、舊大陸的若干地區，農業與畜牧業是獨立發展的，也說明，根據典型新石器時代這一涵義，完全的定居生活的發展過程只是一種自然的變化而不是一種急遽的變革。

「禮民唸得舌頭都快要打結了，」儲在勤問鄒禮民：「意思懂嗎？」

鄒禮民搖搖頭，說：「模模糊糊，似懂非懂。」

「我聽得很吃力，」季澤群說：「也是似懂非懂，大概是翻譯的文字，敘述不夠順暢的關係，聽來感覺有點亂。這類有欠清楚的文字恐怕也不適於作成講義發給學生閱讀吧！」

「我建議季先生和台威再讀一遍，聽來的與看來的終究有點不同，讀懂了這段文字的意思，才能進一步討論是不是適合高一學生閱讀。」

程台威走到季澤群座位邊上，彎下身子，兩人仔細地默讀了一遍。

「我可以了解這段話的意思，」季澤群說：「文字雖然不長，內容還蠻複雜的。」

「對的，」儲在勤點頭說：「這段文字是從英文翻譯過來的，讀起來不很順暢，但這一點不是難讀的主要原因。我覺得季先生所說，內容複雜才是原因，因為這一小段文字中就包含了幾個重要概念。這些概念是理解新石器時代的關鍵，高一的學生自己讀是讀不懂的。但是，在老師的講解下，應該可以瞭解這些概念，同時也就對新石器時代有了比較深入的認識。」

「儲老師的意思是這小段文字可以在上課時候發給學生，講給他們聽，不適合作為課外閱讀的資料。」

「是的，我的意思正是如此。」儲在勤說：「季先生您能不能說一下這小段文字傳達的主要概念是什麼？」

「我認為有兩個主要的概念，第一，新石器時代與早期人類歷史不同，是人類文明的開始；第二，新石器時代是從漁獵採集文化演變繼承而來，也就是最後所說的是自然變化而不是急遽變革。」

「完全贊成，」儲在勤很興奮地說：「我的想法也是如此。新石器時代出現了許多新的事物，與過去大不相同，這是變遷；這個變遷不是突然發生的，而是有其淵源與背景，這是連續。講歷史不就是講人類文明發展的變遷與連續嗎？這種重要的歷史概念在課程開始的時候就讓學生有點接觸，我覺得是很重要的。再說，我們在上次講到，學生學歷史，在吸收一些知識內容之外，發展能力也是一個重要的目標。如何發展學生的思維能力呢？還是要靠老師的引導，老師利用這段資料，教導學生從事實的敘述中抽繹出變遷與連續的概念，也應該是發展學生思維能力的一個實際的做法。」

「我擔心這樣的思維訓練太抽象、太艱深了一點，恐怕高一的學生無法理解。」季澤群對於在課堂上用這段資料來教學，態度仍然有點保留。

「那就要看怎麼講了，」儲在勤很能理解季澤群的疑惑，說：「要用一點講課的技巧，特別是要多用一點想像力，帶領學生去想像新石器時代與往昔的巨大差異，也就是農業發明以後人們生活上的巨大改變。講的時候，要輕鬆一點、活潑一點，也要班上學生跟著想：農業發明以前，人們過著怎樣的日子？有了農業，生活就會產生那些改變？食物增加導致人口增加，人口增加導致組織與管理上的加強都是可以談的。但是，這段資料中還提到了一個重要的概念，那就是新石器時代人與環境的關係有了很大的改變，過去主要是依附環境生活，從這個時代開始，人們開始改變環境以充實生活，這一點老師是可以發揮一番，也讓學生想像一些例子來加以說明。不管怎樣教，人們從新石器時代開始進入一個新的生活方式，這個巨大的變化一定得讓學生留下深刻印象。接著就要問：這個巨大變化是怎樣出現的，這篇資料裡對漁獵採集生活說了不少，需要老師講解，特別是『高水平生活』這個詞，只能相對於舊石器時代人們生活來瞭解。解釋這幾句話，主要是要學生瞭解，在新石器時代之前，有一個人們利用自然環境，生活相當穩定的階段，也由於有了這個階段，植物與動物的『馴化』，也就是從野生變為家生，才有可能，農業和畜牧才能出現，這是新石器時代的重要背景。就像前面所說，歷史上的重要大事都可以找出它的淵源和傳承，這就是連續的概念，也是很要緊的。所以，我們在解說這幾句話的時候，可以先問學生，新石器時代是怎樣產生的？農業是怎樣發明的？讓他們在腦中先有了問題，再看資料上是怎樣解答的。當然，我們也應該要學生注意到『考古調查是新石器時代生活及其時代面貌的主要知識來源』這句話，讓學生瞭解，我們所強調的概念，都是從一些事實中抽繹出來的，都是有證據的。例如，從考古調查中我們可以知道農業和畜牧業大概是獨立發展，而不是前後繼承。」

「這樣看來，」季澤群說：「國中課本說人們的生活是從漁獵階段進入畜牧階段，再進步到農耕階段，就有問題了，難道是課本寫錯了嗎？」

「我看是有點不妥當。人類早期生活的演進，究竟應該分成幾個階段，還是要看考古調查所提供的證據吧！至於課本寫錯，這也是平常的事，知道不妥當就改，沒什麼關係的。對了，還得聽聽同學的意見，禮民、台威你們覺得上課的時候由老師帶著讀這段文字，邊讀邊講，能不能接受？會不會喜歡？」

「會很累的，」鄒禮民說：「還是老師講給我們聽比較清楚，也比較輕鬆。」

「只要有收穫，累一點沒關係，」程台威顯然不同意鄒禮民，「老師帶領我們去讀這段文字，讓我們對新石器時代有比較深入的瞭解，我想應該是一個好辦法。」

「現在的學生都很聰明，特別像H中，都是第一志願進來的，我們作老師的不應該低估他們的理解能力，反而應該引導他們把自身的能力更好地開展出來。這段資料也許是深了點，但也只是一個例子，重點則是如何在教學過程中發展學生的思維能力，這是今天我們教歷史的人的一項不能旁貸的責任，我們應該多朝著這個方向去設計一些教學手段，去做一些實際教學的試驗。」

「我完全贊成。」季澤群說。「我們講新石器時代，是不是只解讀這段文字就夠了呢？其他仰韶、龍山等就讓學生自己看就行了吧！」

「不行，我不贊成，」儲在勤說：「至少還有兩個重點不能不談，一是中國農業的起源，二是中國新石器文化的大概情形。季先生，您在上課時談這兩個問題嗎？」

「我沒講，我覺得要講這些課外的知識，時間絕對不夠。我把課本講清楚就要下課了，讀資料、談課外的知識，不是不好，時間不夠恐怕是實際困難。」

「確實如此！把課本詳細地講說一遍，絕對沒有再講課外題材的時間。問題是，既然高中課文內容與國中有很多重複的地方，那為什麼還要再講一遍呢？高中歷史應該有本身需要講述的內容啊！不再講學生在國中已經聽過的東西，應該可以挪出一些講課外題材的時間吧！」

「這倒是可以的，我也願意調整一下講課的內容，試著安排一些課本上沒有的題材。像中國農業的起源問題，是不是可以談中國農業與西亞兩河流域的不同，它是自己創造的，不是從外面傳來的等等，好像有一本書專門談它，我記起來了，是何炳棣寫的《黃土與中國農業的起源》。儲老師的意思是，教高一歷史的老師，可以把這本書的主要觀點介紹給學生，是嗎？」

「正是如此，」儲在勤站起來，從書櫥裡取出《黃土與中國農業的起源》，翻到最後的〈全刊小結〉，說：「這是何炳棣寫的《黃土與中國農業的起源》一書的〈全刊小結〉，一共不到八頁，印成講義只有四張，把問題說得非常清楚，讀了之後一定可以留下深刻的印象，為什麼不能給學生看呢？我在二十幾年前，讀到這篇，覺得可以介紹給學生，就自己刻鋼板，在蠟紙上抄一遍，印成講義，發給他們。現在影印機這麼普遍，製講義輕而易舉，我們更應該好好利用。」說罷，指出其中一段，叫鄒禮民唸：

> 科學性農業起源理論的探討必須根據可靠的物證和具體的史實。兩河流域農業體系包括三個主要成分——泛濫平原、灌溉、麥作。古代尼羅河和印度河流域的農業體系與兩河同而又較兩河晚，所以一般皆同意這兩區的農業導源於兩河。本刊對中國古代農業的主要論證是：一、中國農業的起源地是半乾旱黃土區內很多小河流域的臺地和丘岡，不是泛濫平原；二、紀元前六世紀前半以前並無灌溉；三、農作物如粟、黍、稷三位一體的小米群，高粱、水稻、大豆、桑都是我國黃土區域和鄰近地帶的原生植物，為華北先民所最早培育；四、麥類雖是較晚自外傳入的作物，但種植方法是「華北式」，而不是兩河式，是旱種，而不是灌溉的。這個富於獨立特徵的農業體系，很顯然的是因地制宜，積累長期經驗才逐漸發展形成的。

「好，唸的這一段，你懂嗎？」儲在勤問鄒禮民。

「當然懂，寫得這麼清楚具體，高中生一定可以懂。」

「對的，」儲在勤說：「這一小段是一個例子，也是〈全刊小結〉的縮影，整篇文章都寫得這麼清楚明白，高中生一定可以懂，七頁多一點，不算長，讀一遍不花很多時間，不會增加他們的課業負擔。所以，可以印給學生當作課外閱讀。這樣，老師上課時稍作講解就行了，不需花費什麼時間。」

「需要介紹何炳棣嗎？有介紹何炳棣的文章嗎？」季澤群向儲在勤討教，也是出題目給儲在勤。

「做點簡單介紹也是需要的，何炳棣在學術上的貢獻值得讓學生知道這位學者。」儲在勤說：「不過，我沒看過介紹他的文章，只曉得他是西南聯大畢業的，不妨簡單談談西南聯大，順便介紹鹿橋寫的《未央歌》，這是一本以西南聯大為背景的小說，寫得蠻不錯的。」

「儲老師說的第二個重點，中國新石器時代的一般情況，是指仰韶與龍山的關係嗎？」季澤群問。

「不是。仰韶與龍山到底是西東相對還是前後相承，當然可以講，不過，仰韶、龍山之外，中國境內還有一些新石器時代文化也相當重要，不能不講。例如，河姆渡為代表的長江流域文化，不論食物、居室都和中原很不相同，應該要講。另外，就是大坌坑。」說到這裡，儲在勤拿起茶几上的《考古學專題六講》，要程台威唸一段：

公元前第五個千年裡中國新石器時代文化中的最後一個是大坌坑文化，以臺灣北部的大坌坑遺址為代表，但其遺址沿福建、廣東海岸都有分布，只是經過正式發掘的遺址稀少而其內容細節不詳。這個文化的放射性碳素年代只有兩件，都在公元前第五個千年之內。石器多屬磨製，包括獵具（尖器）和漁具（網墜），但陶器上的繩紋表示植物之利用。除繩紋陶以外，還有篦劃紋和篦印紋陶；這些分歧的陶器風格很可能說明當時在這一片地域中有過一個以上的新石器文化，這要等更多的考古工作才能深入明瞭。在臺灣曾發現過一個石製樹布皮打棒的碎片，這件器物以及若干石斧形式和陶器特徵指向與太平洋區古代文化之間的親緣關係。

「很好。這裡講到臺灣，所以特別重要。張光直說臺灣的新石器文化與華南和太平洋地區都有關係，但並不很清楚，需要更多的考古資料才能明瞭。我們都住在臺灣，對於臺灣的古代文化更應該有點認識，雖然課本上沒提到，還是應該講的。這是從張光直簡介中國新石器時代文化大概情況的一段文字中摘出來的，張光直認為在公元前五千年左右，華北出現三個新石器時代文化，它們是仰韶、北辛—大汶口，這是指中原東部的新石器時代文化，現在的學術界已經不再稱它是龍山了，『龍山』顯然已經有了另外的意思，是指時代比較晚，製陶技術進步，並且在陶器上有某些共同特徵的文化。那麼在中原東部，與仰韶同時的文化，就稱為北辛—大汶口，有的學者只稱大汶口。還有就是新樂，這是內蒙古和東北地區南部草原地帶主要的新石器時代文化。它的遺物中顯示這個地區過著農耕、畜牧和漁獵相混合的生活。在華南，就是河姆渡文化和剛剛台威唸的大岔坑文化。張光直又說，華北的三個文化是一組，華南的兩個是另一組，很可能是承襲自公元前一萬年到五千年，同時存在的兩個文化傳統。但到了公元前四千年，這五個新石器時代文化因為向外擴張而有了接觸，於是出現了規模廣泛的類似性，張光直又用了一個名詞：『交互作用圈』來說明文化之間的互相影響。所以，四千年前的各地新石器文化顯然全是同一個『交互作用圈』的成員。我覺得，張光直把公元前一萬年到四千年，中國新石器時代文化的發展講得脈絡分明，十分清楚，中間有傳承的關係，又有互相的影響，很值得講給學生聽。也許我的摘要不夠精確，還請季先生把原書的敘述讀一遍。」

「是不是也要作成講義，印給學生唸？」季澤群問。

「您看了之後，自己決定吧！」儲在勤說：「發補充教材也要斟酌實際情形，不要過猶不及。不發補充教材，只講教科書固然不好，某一課發得太多，恐怕也不適宜，分寸的拿捏，全在老師了。不過，這時候就一定會講到張光直，就可以介紹一點張光直了。時間很晚了，今天就談到這裡吧！」

「儲老師，我能不能借那篇寫張光直的文章回去看？」程台威問。

「當然可以，」儲在勤把《讀書》一九九三年八月號交給程台威。

「明天我就去書店買張光直的《考古學專題六講》，再說一聲謝謝儲老師的介紹。」

三、遠古神話傳說中的歷史（上）

「禮民帶女朋友來了啊！」儲在勤開門時，看到鄒禮民旁邊站了一位女學生。

「那有，我沒那麼厲害。儲老師您誤會了，她是我表姊何蓮田，她聽我說有個週末座談會，她也要來，我想您一定歡迎，就沒先打電話。她比我大兩歲呢。」

「歡迎，歡迎。到裡邊坐，季先生和台威都已經來了呢。何同學，在那個學校讀書？」儲在勤很高興有一位女同學來家裡一起談談。

「我在T女中讀高三，我很喜歡歷史，聽禮民說起，很想參加，向兩位老師學習。不過，高三功課太忙，測驗太多，沒法每次都來，就不敢提出這個要求。今天下午剛考完模擬考試，晚上不想讀書，才叫禮民帶我來，希望不會影響大家的談話。」何蓮田顯然不是一個害羞的女生。

進到書房，儲在勤大概介紹了一下，知道何蓮田和程台威也認識，程台威看的課外書，有一些還是經過鄒禮民從何蓮田那裡借來的呢。

「可惜蓮田是高三生，要應付聯考，不能常來。不然我們的座談會就有了一個女性觀點的看法，這在今天是很重要的。」

「為什麼女性觀點在今天很重要？」鄒禮民弄不清楚為什麼在儲老師眼中，表姊變得這麼重要。

「這是我的一種感覺，」儲在勤說：「從不同資料中得到的感覺，真正的意義是什麼，我也說不上來。我一直在男中教書，很少接觸到女同學，不知道女同學的想法是不是和男同學有些不同。所以，我特別高興蓮田來這裡和我們一起談問題。蓮田，你可不要顧慮太多，想到什麼就講出來啊。」

「我雖然是一個女生，可是我很懷疑我的想法能不能代表女性的觀點。因為我覺得我的想法和班上同學都不大相同，我覺得也許她們的想法才是女性觀點吧！」何蓮田顯然不會放棄說話的機會，可是又不願意被某個觀點限制住。

「我看你的想法就是女性觀點，」季澤群說：「因為大多數人有想法，但不見得可以歸納出一個觀點，你顯然是可以的。這幾年婦女史很受到重視，歷史系這類課程選修的人很多，一些女同學還把 History 改寫成 Herstory 呢。」

「我對婦女史一點都不懂，正好向季先生請教，是不是今天晚上季先生就給我們上一堂關於婦女史的課，如何？」儲在勤很希望多聽些新的消息，多知道一些新的研究成果，也想讓季澤群多講一點。

「不行，不行。」季澤群沒想到儲在勤會提出這個建議，顯然是嚇了一跳，趕緊拒絕：「關於婦女史，我知道的也很有限，講不出什麼來。況且，我想今天晚上大概是接著談傳說時代，很想就這方面的教學問題向儲老師請教，我一直覺得這一課不大好講。」

「我希望我們這個座談會要多元化，不管是談的題材內容，還是談的形式方法，越多樣化越好。」儲在勤說：「我不贊成一課一課地談下去，但是每次都得有一個主題，大家圍繞著這個主題來談。我一直沒想到今晚該談些什麼，剛剛提到的歷史的女性觀點與婦女史的研究都是很精彩的題目，只可惜大家所知不多，也就沒法談下去。」

「我贊成多元多樣，」季澤群說：「可是我不贊成談比較時髦的主題，因為在座的有三位是高中學生，應該考慮到他們的興趣、需要與參與討論的可能。對高中學生來說，瞭解學習歷史的方法應該比知道史學界的動向與消息重要一些。」

儲在勤一面聽一面點頭，然後，書房中出現了片刻的沉靜。「我贊成季先生的意見，」又對著三位小朋友問道：「你們贊成嗎?」

「贊成。」鄒禮民的聲音最大，程、何兩人也都說了。

「上次儲老師提出的以史料解讀為主的教學方法，讓我大開眼界，受益很多。回去之後，我每次上課之前，就會想到，這一課的內容如果用史料解讀的教法可能嗎?從那裡去找史料?雖然我的教法並沒有因此而改弦更張，沒有什麼大的變動，但總是構成了心理上的一層壓力，覺得課沒講好，耽誤了學生，所以想再向儲老師請教：第一、以史料解讀為特色的教學方法是不是可以用在每一節課？第二、如果每一節課都可以使用的話，那麼是不是有一定的方法，可以構成一定的教學程式？」

「我覺得季先生必定是一位好老師，」儲在勤說：「一位教師心裡應該時時想著我一定要把課教好，不要誤了學生。這種話，說來容易，真正做到的又有幾人？有了這個念頭，就不會安於現狀，就會求進步，就會成為一位好老師。我想，季先生最近的講課大概已經有了一點不同吧！禮民、台威你們有沒有感覺到啊！」

「有！」禮民說：「季老師多講了一些不會考的東西，不過還蠻有趣的。」

「季老師主要介紹一些歷史學家讓我們知道，我也有大開眼界的感覺，內容有水準多了。」程台威說。

「哪些有趣的事啊？禮民也講給我聽聽，好嗎？」儲在勤接著問。

「嗯，像是甲骨文四堂很有趣，特別是說郭沫若是四大不要臉的第一名，最有趣。同學聽到都笑歪了。」

「禮民，什麼是甲骨文四堂？」何蓮田第一次從表弟那裡聽到她沒聽過的有程度的話，所以，趕緊發問。

「就是郭沫若、王國維、嗯，還有兩堂想不起來了。他們四個人都是甲骨文家，都有一個叫什麼堂的外號，所以叫甲骨文四堂。」禮民講得很大聲，顯然有點得意。

「不對，」程台威立刻提出糾正，「是甲骨學四堂，是四位研究甲骨文而有成績的大學者，不是什麼甲骨文家。王國維、郭沫若之外，還有兩人是羅振玉和董作賓。至於他們的別號叫什麼堂的，我也記不起來，不過在我的筆記本上都抄下來了，一查就知道。」

「講得好，補充的也很好。」儲在勤笑著說。

「那麼，四大不要臉又是誰呢？」何蓮田接著又問。

「好像老師也沒說全，我們全班笑歪了也忘了問了。」鄒禮民答道。

「我說過，那是大陸上流傳的一個詞，是指學問很大，名聲很高，但行為操守不讓人恭維的四個人。」季澤群說：「它是不能跟甲骨學四堂相提並論的。儲老師，您聽過這個詞嗎？您知道是那四個人嗎？」

「我聽過，也弄不清楚，我去大陸問起來，他們也不知道，甚至還有人沒聽說過呢。好像是馮友蘭和周作人也上了榜，榜首一定是郭沫若。季先生，您怎麼會想到要介紹甲骨學四堂的？」

「是這樣的，」季澤群說：「上次談完回去之後，正好要講商代，我就先把高中課本和國中課本的內容仔細對了一下，發現實在是重複得很嚴重，尤其是講到商代文化的部分，除了制度是國中課本沒有的，其他文字、祭祀、曆法、衣食住行、工藝和商業，國中都講過，而且內容、難度都差不多。就是政治方面，高中課本內容雖然詳細得多，但多屬史事的經過，講起來也沒有多大意思，所以，可以有比較多的時間來安排講課的內容。我首先想到的是找一些史料，我記得陳夢家寫過一本《殷墟卜辭綜述》，以前翻過，可是手邊沒有，到圖書館去找，也沒有。」

「這本書太深，選給高中生讀並不適合。」儲在勤說。

「是的，」季澤群說：「我想也是太深，不適合。可是別的書中也沒什麼適合的，就感到這條路走不通，必須另外考慮。這時自然會想起介紹重要學者，而甲骨學四堂立刻浮現腦中，就去找一些這方面的資料，我記得以前影印過一篇發表在東吳大學出版的《中國藝術史集刊》上，關於回顧甲骨文研究的文章，於是翻出一堆舊資料，慢慢找，居然被我找到了，是張秉權寫的〈甲骨學六十年〉，詳細介紹了甲骨文的研究經過。我覺得可以摘取一些要點講給學生聽，這時又想到張舜徽在《中國文獻學》中有一篇介紹羅振玉的文章，也找來看了一遍。」

「再插一句，張舜徽的另外一本書《中國史論文集》中，有一篇講王國維的文章，」儲在勤站起來，很快就在書櫥中抽出這本書，翻開來說：「這篇文章的題目是，〈考古學者王國維在研究工作中所具備的條件、方法與態度〉，和講羅振玉的那篇很類似，都是適合老師備課或平常閱讀，不適合印成講義，發給學生閱讀。很抱歉，打斷了您的話，請繼續說。」

「謝謝，」季澤群說：「所以，我在講商代時，先想好那些是學生可能聽過的，就不再敘述，或簡單帶過，我比較詳細地講三個重點，一是商不斷遷都的原因和盤庚遷殷的經過；二是商紂是一個怎樣的國君；三是商人何以特別重視祖先崇拜。另外的時間就拿來講甲骨學四堂。下課之後，自我檢討的結論是，我自己感到講出了一些有價值的知識，學生聽課的情緒也很好，因為我儘量用輕鬆、活潑的語調來講。但是，考試的結果如何，就難說了，估計是不會好的。還有就是，學生的思維能力並沒有得到什麼訓練。」

「課後還自我檢討一番，真是令人敬佩。」儲在勤說：「禮民、台威你們的運氣很好，因為你們遇到了一位可以作為榜樣的好老師。古人說：經師易遇，人師難遭，就是這個意思啊。蓮田，妳們的歷史老師也講課外的知識嗎？」

「高二的老師很喜歡講一些課外的事，也介紹我們讀一些書，像蔣夢麟的《西潮》、胡適的《四十自述》這些，我覺得很好，很有收穫，可是我們班上不少同學就不滿意，因為我們班很少小考，段考的成績比不上別班。我就跟她們辯論，她們都吵不過我。還有，我們的導師很明白道理，他認為歷史老師是一位負責的好老師，支持他的教學方法，叫他堅持下去，不要理會那些只要分數，不肯讀書的同學。」

「妳的運氣也很好，妳也遇到一位好老師。」儲在勤說，「我對我們的中學教育充滿信心，因為到處都有好老師。」

「儲老師，您好像忘了我剛剛向您請教的問題。」季澤群說。

「是啊！是啊！」儲在勤用手輕拍前額，笑著說：「我這個人就是喜歡跑野馬，一放就收不回來，上課的時候也一樣，往往題外話一講就是一、二十分鐘。糟糕，又要跑了，趕快收回來。對了，季先生剛剛用了一個詞：『史料解讀』，我有點意見。現在很多人喜歡說『解讀』，老實說，我並不很清楚這兩個字的精確意義，如果指深入分析，找出文字背後的涵義的話，利用史料來教學，目前還沒法做到『解讀』的地步。特別是在中學階段，讓學生多接觸課本外的資料，用點腦筋，作點分析，就算是達成任務了，是不是還是用像『史料閱讀』這樣的話比較恰當些？至於季先生提到是不是每一堂課都可以利用史料來進行教學，我覺得，理論上是可以的，至於實行上能不能得到最好的效果，是另外一回事。至於史料教學是不是有一定的方法，或者有一定的程式，這個問題我沒有仔細想過，但我覺得，我們運用史料來教學，一定要依照史料的性質，不同性質的史料，應該有不同的教法，所以，即使可以形成一種程式，大概也就是些粗略的原則吧！希望季先生能夠瞭解我的意思。」

「我想我可以瞭解。」季澤群說：「我希望儲老師再為我們講一下如何經由史料閱讀的方式來學習傳說時代的上古歷史，我為什麼要提出這個要求？主要是因為我想過教這一課的時候，應該選那些史料給學生唸，或那些可在班上討論的問題，我覺得很困難。例如選一些神話故事，大家來討論它的歷史意義，恐怕不是很好的方法。如果不選神話傳說的故事，又從那裡找資料呢？我感到相當困惑，希望儲老師為我解惑。」

「我可以談談我的想法，供季先生參考，是不是能夠實行，也請同學們提出意見。」儲在勤說：「上古傳說中的歷史，或者所謂文獻傳述的遠古文明，都是指透過這些傳說的記載，我們可以得到怎樣的歷史知識，而不是閱讀些傳說神話，再加上一點膚淺的解釋就可以的。所以，這一課的內容特別要借助歷史學家的研究，因為從傳說資料中建構起遠古的歷史面貌，是一件很困難的工作，而這些研究也最能體現出歷史學的性質和歷史研究的方法。只怕這樣子講歷史會過於艱深，遠遠超過高中生的理解能力。我倒先要問一下高中同學，歷史老師上課所講的，不是一件件的事情經過，而是歷史學家研究事情的經過，你們會喜歡嗎？」

「我不喜歡，」鄒禮民永遠是發言不落人後，「儲老師說過，歷史課頂重要的是有趣，講研究經過一定無趣，這樣的歷史課我不喜歡。」

「這不一定，」何蓮田說：「講研究經過不一定無趣，要看老師怎麼講，會講的老師可以講得十分生動，也是蠻有趣的。高二上學期，老師講羅爾綱怎樣研究太平天國，我就覺得挺有趣的，而且有收穫。」

「我贊成蓮田姊的看法，」程台威說：「要看老師怎麼教。老師一定要講得清楚，學生才聽得明白，關鍵是在老師。只要講得清楚，稍微深一點也沒關係。」

歷史學家研究事情的經過，怎麼教？怎麼落實在講述傳說古史的課堂上？在季澤群、鄒禮民、程台威和何蓮田的心中，同時畫出一個大問號。

儲在勤站起來，走到放《大英簡明百科全書》的書架旁，抽出一本《中國大百科全書·中國歷史(一)》，翻到「傳說時期」這一條，拿起桌上的鉛筆，打了一個勾，遞給何蓮田，說：「請妳讀這一段」：

> 最早的神話故事和歷史傳說，總是氏族部落關於其本氏族或本部落的來源及其祖先的神話故事。這樣的神話傳說靠歷史文獻記載下來，其逐步發生由簡樸到較複雜，由缺乏系統到逐步有系統，由神話性很濃逐漸演化成人性，由純粹神話逐步變成歷史故事的演變進化。從西周到戰國，就是中國古史神話傳說演進變化的時期。漢代則把它歷史化、定型化。

「很好，謝謝。」儲在勤指著書架，問季澤群：「澤群兄您有這兩套百科全書嗎？」

「我有《大英簡明百科全書》，沒有《中國大百科》，不過，學校圖書館有，可以去查用。」

「我覺得《中國大百科》的中國歷史三冊和外國歷史兩冊編得都不錯，不只可以查用，還可以閱讀。就以中國歷史為例，每個斷代都有一條幾萬字長的介紹，可以讓我們得到相當清楚扼要的瞭解，也可以知道史學界最新的研究成果。當然，我們用的時候有一點需要注意，這部大百科是大陸學者編的，難免有些唯物史觀的名詞和觀念，一定要弄清楚這些詞語的意思，不要囫圇吞棗，依樣畫葫蘆也講給學生聽。我的想法是，遇到這種地方，全部不講，資料本來就是為我所用，老師完全可以選取適當的資料來進行教學。所以，我建議您季先生設法買這五本歷史的大百科，放在家裡，隨時可用；也建議同學沒事的時候，到圖書館也去翻翻這套《大百科》。唉喲，糟糕，老毛病又犯了，我又把話題岔開了。」儲在勤不好意思地搖搖頭，笑了一笑，接著說：「剛剛蓮田唸的這一段，是說神話傳說的起源和演變的趨勢，下面接著分別介紹了：一、西周文獻中的古史神話傳說；二、〈天問〉所載的古史神話傳說；三、春秋戰國前期的古史傳說；四、戰國中後期加工編成的古史傳說；五、漢代後起的古史神話傳說以及六、近世對傳說時期的認識等，其中第四條及第六條最長，第六條中又單獨介紹了顧頡剛、郭沫若，就是那個第一名，和呂振羽、周谷城、范文瀾、翦伯贊的論點。其實像郭、呂、周、范、翦都是大陸上有一定政治地位的史學家，基本上卻不是研究這個問題最深入的權威學者，他們的意見，編寫的人不好不寫，我們卻可以完全不理。」於是再拿起筆，打了幾個勾，還是交給何蓮田，請她唸。

近世對傳說時代的認識。唐宋一些學者提出了對近世學者探索古代傳說時期深有影響的說法，如唐劉知幾的《史通》對許多古事提出質疑，宋劉恕以至清人崔述，都對三皇、五帝、十紀之說予以澄清。近世承此疑辨精神及西方史學知識，遂對古史傳說提出新的認識。如康有為《孔子改制考》第一篇為〈上古茫昧無稽考〉，以為戰國諸子借托古改制，臆造歷史。夏曾佑的《中國古代史》的第一章把三皇五帝稱為由「上古神話」構成的「傳疑時代」，故對三王、五帝、九皇及盤古、三皇、十紀等說，一律目為牴牾不足信。其後繆鳳林《中國通史綱要》第一冊唐虞以前也標為「傳疑時代」，謂「三皇之說蓋起於道家理想之世之具體化。」又以〈三皇五帝說探源〉暢其說，與繆氏討論的蒙文通以為三皇五帝本神而非人，三皇說本於「三一」，五帝說由於「五運」，出戰國及秦世。

顧頡剛先生《古史辨》提出「層累地造成的古史說」。以為「時代愈後，傳說的古史愈長，……傳說的中心人物愈放大。」如西周所知最早的神是禹，以後層累地遞增堯、舜、黃帝、神農、伏羲、天皇、地皇、秦皇於前，至三國徐整而有最前的盤古。對戰國末期整理編定的那套古史體系，則以為商、周只識本族出於上帝，與他族無關，太皞、顓頊等亦為不同各族宗祖神；到戰國小國被併吞，逐漸歸於統一，有人起而把各國祖先神靈「橫的系統」改成「縱的系統」，「地圖變成年表」，編為黃帝一系子孫，於是原來各不相干的各族傳說的祖先群神，匯集而成統一的古史體系。

接著有人根據民族分布地區不同來區分古史傳說的幾個大系統。如傅斯年〈夷夏東西說〉分西方之夏、東方之夷，另有南方之苗。蒙文通《古史甄微》則分為海岱民族、河洛民族、江漢民族，表現為鄒魯、晉、楚三方各本於民情而傳說各異。楊寬《中國上古史導論》則分東系民族、西系民族，各產生神話傳說，稱美本族神而詆譭對方神。徐旭生《中國古史的傳說時代》分為華夏集團、東夷集團、苗蠻集團，三者交互關係構成古史的進展。

各家體會理解不同，對傳說時期所得認識亦不同，正說明它尚在探索中。研究傳說時期主要應按不同時期的不同傳說材料，區別其初起、後起，辨析其真、偽，在歷史唯物主義觀點指導下，正確運用民族學、考古學研究成果，來稽考其遞嬗增益演變之跡，才可對傳說時期得到較近真的認識。

「謝謝蓮田，唸得真好啊！」儲在勤說：「先要作幾點說明，第一，在徐旭生的解釋和最後一段說到各家體會不同，認識也不同的中間，省去了介紹郭沫若等人的說法。第二，剛剛蓮田唸到天皇、地皇、秦皇，這裡秦皇是不對的，應該是泰皇，泰國的泰和秦始皇的秦字形很像，在排印時弄錯了。第三，只有顧頡剛稱先生，我想這一條目的撰寫人劉起釪可能是顧頡剛的學生，寫到老師特別表示尊敬，也是老規矩。第四，最後所說，應該對傳說材料區別初起與後起，辨析其是真還是假，這是正確的；但要用唯物主義觀點來指導，就沒有必要了，在他們卻是非寫不可的。」

「蓮田唸得很好，我聽得很清楚，」季澤群說：「不過，這段資料是否適合給學生唸或上課討論，我還是很懷疑。人名和書名很多，如果都要解釋，是不可能做到的；如果不解釋，學生根本不知道為什麼要唸它。況且，整段的敘述，雖然字數不多，內容卻十分艱深，我覺得並不適合高中生讀。蓮田，妳覺得適合高中生，特別是高一學生讀嗎？」

「我也覺得不大適合，」何蓮田說：「一大堆人名書名，大部分我都沒聽說過，人名中我只知道劉知幾、康有為和傅斯年。高一的學生更是什麼都不懂，一定是讀不下去的。」

「那也不一定，」程台威顯然不高興何蓮田對高一學生的輕視，說：「如果老師講解一下，也是可以讀的。」

「你們說的都對，」儲在勤又在打圓場，說：「這份資料不適合印給高中生唸，也不適合在課堂中討論，理由嘛，季先生和蓮田都講了，我也都同意。但是，它卻可以由老師講給學生聽，所以我說台威也對。因為這份資料是給老師用的，老師就必須想怎麼用它才能夠得到成效。依照它的內容，逐人逐書加以介紹，絕對不可以，那是大學歷史系中國上古史課程的教法，絕對不能用於高中。所以，老師必須有所選擇，選取一些適合高中程度的內容來講述。如果讓我來選，我會選講三個重點，一是傳說與歷史的關係，我們不是對傳說作膚淺的解釋，也不是從傳說與神話中談中國文化的特色，而是把傳說當作一些資料，看歷史學家怎麼從這些資料中認識遠古的歷史，這只是一個引子，簡單講講就可以了，我把大部分的時間放在第二和第三個重點，就是顧頡剛的『層累地造成的古史說』和徐旭生的『三集團說』。」

「要講『層累地造成古史說』啊！太難了吧！高一學生聽不懂吧！」季澤群很懷疑它的

可行性。

「好，讓我試試看，」儲在勤說，「我試著講一下，看看三位同學，特別是兩位高一的同學能不能聽懂。不過，我先要聲明，每次上課前我總要閉目養神，好好想個十幾分鐘，作點暖身工作。現在立即要講，恐怕會有些不順暢，希望你們原諒。」儲在勤咳了兩聲，清清喉嚨。

「民國初年，已經有不少學者懷疑文獻所記載的遠古偉大聖王，像是三皇、五帝的事蹟，不相信三皇五帝是歷史的事實。但是，他們必須要說明這樣的傳說是怎樣出現的，只有清楚交待了這些傳說是後來的人編造出來的，這些傳說才被證明不是歷史事實。這一點你們可以瞭解吧！」

「可以，」三位高中生異口同聲地說。

「這方面表現最出色的學者是顧頡剛，他提出一個理論，認為古代的聖王是後人逐漸添加上去的，時代越晚，所添加的聖王就越早而且越偉大。例如西周的記載中只見到禹，堯舜的記載出現於春秋，比禹要晚，記載黃帝、神農名字的典籍，出現就更晚了。而禹呢，最早的記載是一個開天闢地的神，後來的記載，就成為一個從事於治水以及耕稼的人間君王，所以，禹是神，後來添加上去的當然不可能是人，這麼說來，黃帝、堯、舜也就不再是可信的歷史了。顧頡剛的這套對傳說的解釋就是『層累地造成的古史說』，這套理論最主要的看法有兩點，第一，時代愈後，傳說的古史愈長，周人心目中最古的人是禹，到孔子時有堯舜，到戰國時有黃帝神農，到秦有三皇，到漢以後有盤古。第二，時代愈後，傳說中的中心人物，愈放愈大。請注意，顧頡剛的理論要點是，時代愈晚，傳說的古代史就更早，人物就更偉大。何以如此呢？他雖然沒有明白說出，意思卻很清楚，那是後人添加上去的，是後人假造的。這就是顧頡剛理論的大概情形，你們三位能瞭解嗎？」

「還好啦，」鄒禮民說。

「還好是什麼意思？是瞭解了，還是不瞭解？」儲在勤很有耐心地問，並沒有不高興的樣子。

「就是大概能瞭解，叫我再講一遍就講不出來的意思。」鄒禮民沒忘了再補上一句：「我是很誠實的。」

「我和台威都能瞭解。」何蓮田說。

「不瞭解就要問，」儲在勤說：「你們不習慣歷史課講這樣的內容，但歷史課卻是應該講這些問題，不要忘了，培養並發展學生的思維能力是歷史課程的重要目標之一，學生上課的時候跟著老師的講述去想問題，應該是訓練這種能力的一項手段。所以，學生想不通的時候，就應該發問，立即把糾結的地方解開。好，我們繼續談顧頡剛的理論。我們要問他的理論是不是很高明，很正確？答案是否定的，顧頡剛弄錯了。如果他是對的，我們的課本上就會說古書中有所謂的三皇五帝，但都是後代人編造添加上去的，只要一行就夠了。顧頡剛的錯，是方法上的錯。怎麼說呢？我們研究歷史，都是從古代記載上找材料，看到有怎樣的記載，就說那個時代有那些事。顧頡剛不是這樣做，他剛好相反，說古代某一典籍中沒有記載某人，就是那個時代的人都不知道某人，這種資料中沒有就表示不存在的方法，有一個名詞叫『默證』，沉默的默，證據的證。『默證』的運用有一定的限制，其中有一項是，典籍必須對某類的事作了全面而系統的記載，才能使用，舉例來說，某部典籍是專門記載古代聖王的，其中沒有記載某位聖王的事，當然就表示那個時代人們的知識裡沒有這位某聖王。顧頡剛說，《詩經》中沒有堯、舜，就是西周的人不知道有堯、舜，堯、舜見於《論語》，所以堯、舜是春秋出現的。問題在於，《詩經》是一部記載當時人們歷史觀念的書嗎？《詩經》有記載唐堯虞舜事蹟的必要嗎？我們可以很明顯的看出，顧頡剛運用默證的方法，卻又沒有遵守默證的運用原則。所以，張蔭麟，記不記得？你們在國中二年級讀過他寫的〈孔子的人格〉，也是一位傑出的歷史學家，就指出顧頡剛的根本方法就是錯的。方法嚴重錯誤，推證出來的結論當然難以成立。這樣講，你們三位能聽懂嗎？」

「不能，太複雜了，什麼默證，我聽不懂，而且沒有趣味。」鄒禮民說。

「禮民，你就是心浮氣燥，好好靜下心來，仔細地聽，也是蠻有趣的。」何蓮田的語氣中滿有一點姊姊的架勢。

「我能懂，明天我解釋給禮民聽。」程台威很怕儲老師再詳細講一遍默證，趕緊把話題煞住。

「如果要講有趣的話，記得顧頡剛說過，大禹不是人，是一條大爬蟲，這該是有趣的話題了。儲老師，您覺得上課可以講麼?」季澤群問。

儲在勤再從書櫥中拿出《古史辨》第一冊，翻到〈與錢玄同論古史書〉，自己唸道：

> 我以為自西周以至春秋初年，那時人對古代原沒有悠久的推測。〈商頌〉說：「天命玄鳥，降而生商。」〈大雅〉說：「民之初生，自土沮漆。」又說：「厥初生民，時維姜嫄。」可見他們只是把本族形成時的人作為始祖，並沒有很遠的始祖存在他們的意想之中。他們只是認定一個民族有一個民族的始祖，並沒有許多民族公認的始祖。
>
> 但他們在始祖之外，還有一個「禹」。〈商頌・長發〉說：「洪水芒芒，禹敷下

土方……帝立子生商。」禹的見於載籍以此為最古。《詩》、《書》裡的「帝」都是上帝。這詩的意思是說商的國家是上帝所立的。上帝建商，與禹有什麼關係呢？看這詩的意義，似乎在洪水茫茫之中，上帝叫禹下來布土，而後建商國。然則禹是上帝派下來的神，不是人。

至於禹從何來？禹與桀何以發生關係？我以為都是從九鼎上來的。禹，《說文》云：「蟲也，從禸，象形。」禸，《說文》云：「獸足蹂地也。」以蟲而有足蹂地，大約是蜥蜴之類。我以為禹是九鼎上鑄的一種動物，當時鑄鼎象物，奇怪的形狀一定很多，禹是鼎上動物的最有力者，或者有敷土的樣子，所以就算他是開天闢地的人。流傳到後來，就成了真的人王了。

「這就是禹是一條大爬蟲的出處，」儲在勤說：「講清楚也不是容易的事。就算費了一番氣力，把為什麼禹是一條大爬蟲講清楚了，老師還得面對兩個問題，第一，他講的對嗎？第二，講這件事，除了有趣，有什麼意義？我看都是很難回答的。所以，與其把氣力花在大爬蟲身上，還不如去講層累地造成古史說，效果會大一些。季先生您同意嗎？」

「當然同意。不過，我還是覺得對高一學生講顧頡剛的層累地造成古史說是太深了一點，並不適合。像禮民這樣聰明的學生都聽不懂，可以說班上絕大部分的學生都是無法接受的。台威性向偏於文史，平常看書又多，是很特殊的，不能做為依準的。」

「對嘛，台威是怪胎，不能以他為準。」鄒禮民說。

「我認為是習慣問題。」何蓮田說：「學生上歷史課，習慣於聽老師講，還要求老師講些有趣的故事，當然不願意老師一步一步分析問題，而且還要跟著去想，太累了嘛。如果歷史老師上課都在分析問題，以培養學生的思維能力，時間一久，學生一定會習慣的。」

「談何容易！談何容易！」儲在勤覺得何蓮田頭腦真靈，反應真快，不可小看。「蓮田的講法，儘管理論上正確，實際要做到卻不容易，整個歷史教學要經過一番大改革才行。我們從歷史中可以知道，大改革是很難的，非但不容易成功，而且流弊很大。」

「那麼就做一點小改革吧！」季澤群一直覺得儲在勤想對歷史教學來一番大變動，沒想到他也是反對大改革的，「我看利用史料進行教學以及講述學者的研究方法，都是幅度蠻大的改變。」

「不算大，不算大。」儲在勤覺得季澤群在觀念上保守了一點，需要鼓勵。「我們可以先試著做，取得經驗，修正調整，再加以推廣。任何改革，只要一步一步，按部就班，就能得到成效。就像我們提倡用史料閱讀來進行課堂教學，並不是要所有的歷史課都需讀史料，而是有了適合的材料才能用於教學，開始還是屬於摸索階段，要經過反覆的推敲討論，設法找出較為有效的途徑，然後加以推廣，方有成功的可能。講述學者的研究方法，也是同樣情形。季先生也許會認為，不論是史料閱讀的討論或研究方法的講述，都應該屬於大學歷史課的水準，可是我不這樣認為，我覺得在高中階段可以推行，至於理由是什麼，說來話長，以後再談吧。」

「我確實是這麼認為，」季澤群知道這個問題真的是說來話長，需要很多時間，就說：「希望以後能聽到儲老師不這麼認為的高論。」

四、遠古神話傳說中的歷史（下）

何蓮田提了一袋木瓜走進書房，說：「我爸爸請大家吃木瓜。」

「是自己種的嗎？」季澤群問。

「我家住公寓，那來地方種木瓜？是我爸爸買的，他買了一大箱，還沒吃完又買了一大箱。他反對吃進口水果，絕對不買日本蘋果、美國葡萄，他說要多吃本地水果，增加種水果農民的收入。」

儲在勤說：「我們先吃木瓜，蓮田，回去代我們謝謝。」

「我舅舅很鄉土，」鄒禮民說：「他最喜歡講小時候的事，什麼用麵粉袋做短褲，那時候麵粉是中美合作，所以屁股上面一半是中國國旗，一半是美國國旗。還穿著打籃球呢！」

「我爸還喜歡講他少年時代風光的事情，棒球打得多好，是他們校隊的鐵捕。還有上中學的時候每天天不亮就起床，走一段路去搭火車，從車站到學校還要走一段路，說我們現在都太舒服了，太懶了。」

「令尊讀中學的時候功課一定很好，中學養成的習慣也一直保持下來。對不對？」儲在勤問何蓮田。

「對的。」

「中學時代非常重要，一個人中學時代所受的教育，往往決定了他一生的行事作風。」

儲在勤說。

「儲老師，」程台威說：「上次您講了許多顧頡剛的理論，能不能談談顧頡剛這個人，特別是他的中學階段是怎樣過的，不知道有沒有這方面的文章？」

「有的，」儲在勤拿起了《古史辨》第一冊，翻開前面，說：「《古史辨》的自序，一百零三頁，七萬多字，是一篇著名的文章，顧頡剛用極其誠摯的態度寫他自己三十年來個人生活、讀書學習、思考研究以及當時的政治動盪和社會變化，有人說這篇文章雖然是一個人三十年的歷史，卻又是中國在這三十年中思潮變遷的最好記載。這裡面一定有講到他讀中學時的情形。好了，找到了，我們還是請蓮田唸吧：

> 十二歲時曾作成一冊自述，題為《恨不能》，第一篇是〈恨不能戰死沙場，馬革裹屍〉，第二篇是〈恨不能游盡天下名山大川〉，其三便是〈恨不能讀盡天下圖書〉。到這時天天游逛書肆，就恨不能把什麼學問都裝進了我的肚子。我的癡心妄想，以為要盡通各種學問，只須把各種書籍都買來了，放在架上，隨心翻覽，久而久之，自然會得明白通曉。我的父親戒我買書不必像買菜一般的求益，我的祖父笑我買書好像瞎貓拖死雞一般的不揀擇，但我的心中堅強的執拗，

總以為寧可不精，不可不博。只為翻書太多了，所以各種書很少從第一字看到末一字的。這樣的讀書，為老輩所最忌，他們以為這是短壽促命的徵象。我也很想改過來，但是求實效的意志終抵抗不過欣賞的趣味。我曾對友人說，「我是讀不好書的了！拿到一部書想讀下去時，不由得不牽引到第二部上去，以至於第三部，第四部。讀第二部第三部時，又要牽引到別的書上去了。試想這第一部書怎樣可以讀得完？」這種情形，在當時確是很惆悵的，但是現在看來也可以說由此得到了一點益處。因為這是讀書時尋題目，從題目上更去尋材料，而不是讀死書。不過那時既只隨著欣賞的趣味而活動，並沒有研究的自覺心，就是見到了可以研究的題目，也沒有實作研究的忍耐心，所以不曾留下什麼成績。

中學校時代，實在是我的情感最放縱的時代，書籍的嗜好在我的生活中雖然占著很重要的一部分，但並不能制伏我的他方面的生活。我愛好山水，愛好文學，愛好政治活動。

葉聖陶先生（紹鈞）是我的老朋友，從私塾到小學和中學都是同學。他是一個富於文藝天才的人，詩詞篆刻無一不能；沒有一件藝術用過苦功，但沒有一種作品不饒於天趣。我在中學裡頗受到他的同化，想致力於文學，請他教我作詩填詞。我們的同志三四人又立了一個詩社，推他做盟主。我起先做不好，只以為自己的工夫淺。後來永遠不得進步，無論我的情感像火一般的旺烈，像浪一般的激湧，但表現出來的作品終是軟弱無力的。有時候也偶然得到幾句佳句，但要全篇的力量足以相付就很困難。有許多形式，我已學像了，但自省到底沒有「煙士披里純」——文藝品的靈魂。懷了創作的迷夢約有十年，經過了多少次的失敗，方始認識了自己的才性，恍然知道我的思想是很質直的，描寫力是極薄弱的，輕蒨美妙的篇章和嶔奇豪壯的作品本來都沒有我的分兒，從此不再妄想「吃天鵝肉」了。

我在中學時，正是立憲請願未得清廷允可，國民思想漸漸傾向革命的時候，使得我也成了這個傾向下的群眾的一個。看著徐錫麟、熊成基、溫生才等人的慷慨犧牲生命，真覺得可歌可泣。辛亥革命後，意氣更高張，以為天下無難事，最美善的境界只要有人去提倡，就立刻會得實現。種族革命算得了什麼！要達到無政府、無家庭、無金錢的境界時，方纔盡了我們革命的任務呢。因為我醉心於這種最高的理想，所以那時有人發起社會黨，我就加入了。在這一年半之中，我是一個最熱心的黨員，往往為了辦理公務，到深夜不眠。有很多親戚長者勸我，說：「這班人都是流氓，你何苦與他們為伍呢！這不是你的事啊！」這種勢利的見解我是早已不承認了，我正以為流氓和紳士不過是惡制度之下分出來的兩種階級，我正嫌惡紳士們做種種革新運動的阻礙，要把這個階級剗除了纔快意。但入黨多時之後，我瞧著一班同黨漸漸不像樣了。他們沒有主義，開會演說時固然悲壯得很，但會散之後，就把這些熱情丟入無何有之鄉了。他們說的話，永遠是幾句照例話，誰也不想把口頭的主義作事實的研究。他們閒空時，只會圍聚了長桌子談天，講笑話，對於事業的進行毫沒計畫。再不然，便是賭錢、喝酒、逛窯子。我是一個極熱烈的人，同時也是一個極不懂世事的人，對於他們屢屢有所規諫，有所希望，但是他們幾乎沒有一個能承受的。我對於事業雖有極徹底的目標，但我自己知道我的學識是很淺薄的，遠夠不上把主義發揮；然而在同黨中間，他們已經把我看作博學的文豪，凡有發表的文字，都要拉我動筆了。在這到處不如意的境界之中，使我得到了一個極清楚的覺悟，知道這班人是只能給人用作嘍囉小卒的，要他們抱著主義當生命般看待，計畫了事業的步驟而進行，是不可能的。我先前真把他們看得太高了！我自己知道，我既不願做別人的嘍囉小卒，也不會用了別人做我的嘍囉小卒，那麼我永遠在黨中混日子也沒有什麼益處，所以我就脫黨了。可喜這一年半中亂擲的光陰，竟換得了對於人世和自己才性的認識。從此以後，我再不敢輕易加入哪個黨會。這並不是我對於政治和社會的改造的希望歇絕了，我知道這種改造的職責是應當由政治家、教育家和社會運動家去擔負，我是一個沒有這方面的發動的才力的人。我沒有這方面的才力，也不覺得有什麼可恥，因為我本有我自己能做的工作，一個人原不必件件事情都會幹的。

「真精彩，雖然長了一點，可是唸得很過癮。」何蓮田說：「他的中學生活是在探索，探索自己的性向與才情，而我們的中學生活則是接受，接受一堆不管喜歡與不喜歡的東西，到最後模糊了性向，也喪失了才情，就好像一個模子裡壓出來的塑膠人。」

「我們有聯考啊！顧頡剛他們那時候沒有聯考，愛唸什麼就唸什麼，真爽。」鄒禮民覺得表姊的比較不公平。

「不要忘了顧頡剛中學畢業後，考進了北京大學歷史系，」儲在勤說：「他們那時要考上著名大學也不容易，當然，民國初年的各種情形都和現在大不相同，很難評定是民初的教育好，還是現在的教育好。不過，蓮田所說的自我探索卻應該從高中階段開始，目前高中學生只管老師交下來的功課，既沒有追求知識的興趣，又缺少享受生活的樂趣，這終究是一項很大的缺陷。」

「如果高中畢業的學生，知識和才情差異不大，那麼，使他們千篇一律的模子就是聯考。」季澤群說：「聯考制度非打破不可，不然中學教育就不可能有所改進。」

儲在勤幾乎不相信自己的耳朵，季澤群什麼時候變得如此激進？「聯考固然要負責，但不能讓它負全部責任，還有其他因素，這個問題牽涉很廣，也是說來話長，還是不談為妙。」

「介紹顧頡剛的理論，再講一點他的中學生活就好了嗎？」何蓮田說：「我的問題是，層累地造成古史說不能成立，既然不能成立，是一個錯誤的理論，那我們為什麼要知道它？」

「儲老師說，學習歷史要注意學習方法，不要只去記一些所謂正確的解釋。」程台威接著作進一步的說明：「歷史知識之中，重要的是經過而不是最後的結果。」

「台威講得很好，」儲在勤說：「不過蓮田的話也有道理，如果只是學方法，為什麼挑一個錯的理論和方法來講呢？所以，顧頡剛的方法有問題，理論不能成立，卻仍然有它的意義。至少，顧頡剛不盲目相信既有的說法，對資料的時間詳細推敲，然後再建構起一套理論，這個過程幾乎就標誌著從傳統史學到現代史學的過渡。」

「余英時談過這個問題，」季澤群接著說：「我讀過他寫的〈洪業顧頡剛與中國現代史學〉，印象很深，是登在時報出版的《史學與傳統》上。」

「有沒有人對於這個傳說的問題提出正確的解釋？」何蓮田問。

「有的，」儲在勤說：「就是我們前面提到的，徐旭生的『三集團說』，不過說它正確似乎不大妥當，只能說目前看來比較合理的解釋。徐旭生與顧頡剛的最大不同是他不認為許多傳說是後人編造添加的，他認為傳說即使有一部分失真，也是由於無意中的演變，不是他們在那裡造謠。所以古代傳說，雖不能說是歷史經過的自身，卻是有其根據的，我們對這些傳說資料仔細整理鑽研，是可以看到若干歷史真相的。他又說，古人如孔子、墨子、孟子、荀子、太史公等人絕不會有意地造謠，他們所記載的古代事物雖有錯誤，那是限於他們的時代不能作仔細的考辨和分析，但他們絕對不會向壁虛造，無中生有。徐旭生又指出，文化是逐漸累積發展而形成的，絕不能一下子從地底下跳出來，殷墟出土的文字和器物，表示當時文化已經相當高，離文化的黎明期已經相當遠。所以，把傳說的東西一筆抹殺，把文化黎明時期完全不談，我國的最古時代文化就會變成忽然從地底下跳出來的，這在道理上是講不通的。於是，他從民國二十七年開始，把古書上所載關於夏商兩代及兩代以前的材料完全摘錄出來，依據時代先後加以比較，結果看出我國古代民族的分野大略可分為華夏（最初稱炎黃）、風偃和苗蠻三個集團。請注意，《大百科》上曾說到一位名叫蒙文通的學者寫過一本書《古史甄微》，依據傳說資料分為河洛、海岱和江漢三個民族。徐旭生和蒙文通沒有來往，在互不知道的情況下，卻得出了相當接近的看法，這該怎麼解釋？再說，從考古發現的新石器時代文化來看，仰韶、大汶口和河姆渡是三個明顯的不同文化，和這三集團或三民族正好相配合，恐怕不是偶然的吧！徐旭生不只找出了古代三個集團的活動，而且還以此為線索，對周以前的上古歷史作了概括的描述，為上古的歷史畫出輪廓。他有一篇二千多字的敘述，相當簡要，高中生應該可以看得懂。」於是從書櫥中抽出徐旭生著《中國古史的傳說時代》，翻到〈敘言〉，仍然交給何蓮田唸。

> 我們祖先分成大大小小的氏族，奠居於我們中華的地域上面者，也不曉得已經有若干年。——如果周口店的初期人類為我們直系的祖先，那我們的奠居已經過了三十餘萬年，比任何民族的歷史皆長久了。——這裏面有一部分，此後叫作華夏的，內中有一箇氏族叫作少典。它大約生活於今陝西甘肅兩省交界地方的黃土高原上或其附近。從這箇氏族分出來兩箇重要的氏族：一箇叫作黃帝族，一箇叫作炎帝族。這兩箇氏族發展以後，漸漸各有一部分順著河流，向東遷移。

炎帝族順著渭河，黃河的南岸，一直發展到今河南及河南河北山東三省搭界的地域。黃帝族順著渭河，黃河的北岸，隨著太行山跟，一直向東北走，或者已經達到今察哈爾的地域。炎帝族達到上面所說的地方以後，就遇見本地的土著，以後叫作東夷的人民。兩族相遇，遂相爭鬥。這箇時候領導東夷爭鬥的英雄叫作蚩尤。他本領頗大，炎帝族喫了大虧，向北方奔逃，求救於北方同出的黃帝族。黃帝族因為當日還在游牧階段，所以武力較強。他們出兵後，開始也不免同敗亂的炎帝族衝突。把他們收撫後，然後南下與蚩尤所領導的東夷族大戰，結果把他們打敗了，他們的首領，蚩尤也死了。這就是後代所傳阪泉涿鹿戰事的因果。戰爭平息以後，黃帝就從東夷族裏面另外找出一位能同他們合作的首領，少皞出來，綏撫東夷的舊部。以後華夏族同東夷族大約相處的還好，就漸漸地互相同化了。可是氏族林立的中國，經過這一次的大震盪，就漸漸合併起來，成了若干的大部族。這實在是我國古代史上的一種鉅大的變化。阪泉涿鹿的英雄，黃帝死了以後，不知道經過了若干年，仍有華夏東夷兩文化混合的顓頊族出現。它的首領，顓頊實在是一位了不起的人物。他把當日散漫的原始巫術改革成具進步意義的宗教。自從偉大體系的宗教成立，而後中華民族的文化才能有比從前急速的發展。以宗教為專業的人們，因為要按一定的時候禮祀神祇的關係，就不能不對於一年中季節的變化加以規定。並且他們比較有閒暇，不像從前的巫多係牧人農人兼辦，生事擾攘，就可以對於宇宙間的現象作一種靜穆的觀察。我國從前的學術界把顓頊時代的南正重，火正黎當作曆算的開山老祖，並不是沒有理由的。這一次大變化對於將來社會的影響，比較阪泉涿鹿爭鬥的影響，有過之，無不及者。這位宗教的開創人，顓頊死後又不曉得過了若干年，才到了堯舜禹的時代。在這箇時候，我國的農業已經相當的發展，東方的各大部族全住在河與湖的附近，致力稼穡。可是我國氣象上的週期變化，恰好落在這箇時候：雨量增加，山水大來，田舍漂沒，「洪水橫流！」並且宗教的聖地，玄宮所在的濮陽首當黃河下游的衝擊，受患特甚。大家開始異常驚惶，以為這是上天特別警戒我們。以後就商量起來，舉一個人專門負責；興師勞眾，在聖地與人民田廬附近修築起來很高的土圍子，提防，以為這樣總可以當著山水了。不料年復一年，毫不中用！最後算是找到了兩位治水的世家：一位叫作禹，一位叫作伯夷。他們利用了從前失敗的經驗，知道山洪勢大，專門頭痛醫頭，腳痛醫腳的不中用，乃察水性，審源流，大規模地疏導。又加之以東方風偃集團的賢豪，皋陶，伯益的助力，胼手胝足，辛苦經營了十幾年，水勢才算大定，在東方的大平原上面人民才能「降丘宅土」，才可以休養生息，孕育出來將來偉大的中華民族！這樣專憑自力，與天然爭鬥，以奠定我民族生活的基礎，這真是人類的一件驚天動地的大事業。我們的祖先驚奇讚歎，鋪張揚厲，以至於有許多誇大失實的地方，也是當然的情形。今人因為發現傳說一部分的失實，就毅然決然，把我先民的慘淡締造一筆抹殺，而概歸功於神力，真所謂「厥子乃不知稼穡之艱難，乃逸，乃諺，既誕。否則侮厥父母，曰昔之人無聞知」者矣！

因為治水的時候，事務殷繁，各部族間的朝聘會賀不期煩數而自然煩數。大禹既為治水的最高負責人，則他的部族所在地，陽城自然漸漸成了四方走集之所，都會。因為他有大功德於民，所以當他死以後，雖說他的兒子，啟，並不見得比堯舜的兒子，丹朱，商均高明，可是朝覲訟獄謳歌接續著匯集到他那一方面。政治的組織漸漸取得固定的形式，非復從前散漫部族，人亡政息的情形。我們從此以後，就成了有定型，有組織的王國。這是我國古代歷史上第三箇鉅大的變化。可是此種政治形式的轉移，差不多完全靠著對於社會事業的努力及因此而得的社會景仰，借助於軍事的力量者甚為微渺。這是我們的祖先在初開國的時候很特殊而且很光榮的一件事實。

在這箇時候，西北方的炎黃集團同東方的風偃集團合作的情形甚好，可是同南方的苗蠻集團又有了接觸與衝突。衝突的時期相當地延長，這大約是因為南方地勢富有沼澤，丘陵，以至於山岳，不像東方平原的交通容易。衝突的表面原因是由於南方人民不肯採用北方的進步巫教，「弗用靈。」衝突的結果是把南方的驩兜，三苗，檮杌各氏族完全擊敗或分別流放。北方的大巫長，祝融深入南國以傳播教化。因為當日苗蠻的文化發展尚滯留於落後階段，所以兩方面文化的交流不能同東方的風偃集團相比，苗蠻對北方進步的宗教完全接收，至北方所受他們的影響尚屬渺小。直至春秋及戰國時候，南方的文化才能急速地發展。屈原大夫雖自稱為「帝高陽之苗裔」，而實為南方集團的天才。憂憤著書，遂為中土文學不祧之宗。此時前後，伏羲女媧也以南方明神的資格，加入了中土聖帝賢相的系統，而後同化作用始告完成，三集團的分辨也同時泯滅，不容易復識了！

夏王國雖說逐漸成立，可是當日的王同將來的皇帝不能比較：因為他不惟對於全中國不能統制一切，並且在他這箇較大王國以外還有不少其他的小王國。它們中間可以有朝聘會賀的來往，卻沒有臣屬的關係。夏王有作為的時候可以取得像春秋時代盟主的地位，否則僅為群王中的一王。在春秋時代，除掉齊桓以外的齊人對於魯衛等鄰國的關係，或者可以指示平常時候夏王國與其他王國的關係了。夏德既衰，宗盟遂遷於商。「賢聖之君六七作」，全是能自振奮，盡盟主職務的國王。到了武丁時代，局面似乎有重大的變遷：他享國既長，武功甚高，勤勞國事，不遑寧處。以至「邦畿千里」，「肇域彼四海」，經典之所遺傳與甲骨文之所保存皆可以證明一點：就是商王國從此時起對於其他王國成了一種壓倒一切的形勢。蓋自夏王國成立以後數百年，到此時而我國的政治社會才有像樣的轉移，以醞釀將來周朝初年鉅大的變化。

周人崛起西方，推倒東方的大王國，商朝。文王武王，繼世經營。加之以雄才偉略，道德與能力均可為吾中華民族最高代表的周公翼贊王室，（《尚書》中〈無逸〉、〈君奭〉二篇中所表現的思深慮遠，優柔不迫，我國人最高之道德典型也。）東征西討，「滅國者五十」，「封建宗親以藩屏周。」此後全國的名城大邑全歸了周王的指揮。周王不僅如夏商之王，為群王中的一王，而成了全國最高的宗

> 主。周公的初意雖仍不免為姬姓一家謀久安長治的基礎，但因為他的目光弘遠，治理方法高明，全國文化的傳播更形迅速。所以周王室存在的八九百年中，實為我國偉大文化含苞，放華和結實的時期。等到將來封建運衰，全國逐漸統一，秦漢大帝國興，而我國大一統的局面遂以成立。
>
> 此外戰國時代的思想家差不多全相信我國歷史的初期有巢居，火食，畜牧，農業等幾個發展的階段。前兩個，他們叫做有巢氏燧人氏；後兩個靠著借來的庖犧，神農二名而凝固。所以這兩個名字在我國的史前期也有很大的勢力。

「這段資料雖然太長了一點，倒是很清楚扼要，適合學生閱讀，」季澤群說：「不過，我還是有意見。徐旭生的講法聽起來固然比較合理，但這是他個人的研究成果，史學界是否接受，恐怕還有爭議。還沒有被史學界共同接受的看法，或許並不適合在課堂上講，特別是講給高中學生聽。」

「高中歷史的講述內容，必須是得到史學界共同接受的觀點，也就是已有共識的看法，我完全贊同。但是，怎樣判定一個看法是否為史學界共同接受？其標準在那裡？我倒是要請教季先生。」

「這點我沒仔細思考過，只能就臨時想起的說說。提出看法的學者的學術地位也許可以做為一項標準，因為大學者的意見總是考慮周詳，比較少破綻的。」

「我基本上同意，但覺得會有些例外，並不很理想。舉例來說，商人經常遷都，原因是什麼，有各種講法。張光直說是為了尋找新的銅礦，所以隔一段時間就要搬家，在張光直的整套理論上說，似乎還講得通，但只是談商人何以屢屢遷都的問題，就不能因為張光直是公認的大學者，就介紹他的講法。我是這樣想的，一種看法提出來之後，如果被普及性的書籍所採用，就表示這個看法已經為學界普遍接受了。季先生您同意嗎？」

「暫時同意，回去再想想。」

「好，如果能夠同意的話，徐旭生的講法就是被史學界所接受的了。因為，書櫥中有一本上海古籍出版社的《中國史三百題》，其中講炎黃子孫的那一題，幾乎完全採用徐旭生的意見。你們知道《中國史三百題》、《中國文化史三百題》那一套書嗎？編得還算可以，只是字很小，讀起來有點吃力，而且是簡體字，不過問題不大，連繫一下上下文義，猜讀三天就能讀懂了。另外，大陸人民教育出版社新編的初中一年級課本，也是採用徐旭生的講法。相反地，今天已經在講傳說中古史的時候，再也沒人提顧頡剛的層累造成說了。」儲在勤把人教社出版的課本拿出來，翻到第十九頁，唸道：

> 傳說中，黃帝原是黃河流域一個部落聯盟的領袖，生活在大約四〇〇〇年以前。他提倡種植五穀，馴養牲畜，促使這個部落聯盟逐步強大。後來，黃帝部落和西方的炎帝部落聯合，打敗了南方的蚩尤部落。黃帝和炎帝兩個部落聯盟結合在一起，經過長期發展，形成日後的華夏族。

「既然徐旭生也是大歷史學家，我們也應該對他有點瞭解，特別是他讀中學時候的情形。儲老師，有這方面的資料嗎？這是我代台威問的。」鄒禮民還對程台威眨眨眼。

「謝謝，」程台威向鄒禮民舉手致意。

「徐旭生的名氣比起顧頡剛來差得很多，大概不能稱作大歷史學家，他只是一位傑出的歷史學者。他雖然沒有寫過像《古史辨》自序那樣的大文章，但在《中國古史的傳說時代》的〈敘言〉中，也提到了一點他年輕時讀歷史書的情形，也有點意思。台威，就請你唸吧！」

> 我個人自從很幼年的時候，就對於歷史上的事實發生很濃厚的興趣。現在回想起來，我在十一、二歲時就抱著兩部首尾不很完全的《通鑑綱目》和《續綱目》，

廢寢忘食地閱讀，就覺得非常地可笑。但就此一點也可以證明我對於歷史的興趣，發生得相當地早。此後遇著歷史一類的書總是很高興地閱讀。當十五六歲的時候，積的知識也頗有一些，就亂七八糟的胡發議論。這時候，正當前清光緒庚子辛丑以後，國家取士初變八股為策論，我因為對史事略有所知，雖說年幼信筆塗抹，卻也尚不後人；自己已經頗滿足，以為很了不起了。不久因為預備科舉，就偶然買到坊間印行的王船山《讀通鑑論》、《宋論》。開始閱讀的時候，僅感覺到他篇篇的議論全同我原有的意見不相同。初起不過以為他老先生好作翻案文章而已。及至常看並加思想以後，才知道他並不是好作翻案，他的思想比我們尋常人的思想實在深遠的多；我們想再翻他的案也非常地不容易。這才開始感覺到對於古人非在讀破萬卷並加深思以後，實在不應該粗心浮氣，亂發議論！民國成立以後，我又到法國留學。當民國四年，我才讀到法儒Langlois和Seignobos合著的《史業導言》(*Introduction à l'étude historique*)及其他歷史方法論的書，才曉得對於史料必須要用種種的方法，慎重批評和處理才可以達到科學的歷史(L'histoire scientifique)的目的。在此之前，我覺得我對於歷史的事實知道的頗多；自此以後，我才感到毫無所知！因為這些全未經批評的史實，

> 尚未足以言歷史知識也。我今日對於各家的歷史，歷史方法及歷史思想的著作雖然也讀過一些，但對於我個人影響之大，再沒有超過於《讀通鑑論》、《宋論》、《史業導言》以上者。

「謝謝台威，」儲在勤說：「補充兩點：一、徐旭生留學法國，學的是哲學，回國後雖然在大學講過一些西方哲學的課，但他主要的工作是在史學，可見年少的興趣往往決定一生的成就。二、前面講到張蔭麟指出顧頡剛層累造成古史說在方法上犯了大錯誤，就是禮民弄不清楚的『默證』的運用限制，正是從這兩位法國史學家合寫的《史業導言》中得到的概念。當然，我們讀徐旭生的自述文字，特別應該注意到閱讀與思考之間有著緊密的關連，多讀之外還須多想，才能在學業上真有進步。附帶提一下，兩位法國學者合寫的書，商務印書館出過中文譯本，書名叫《史學原論》。」

「如果您講遠古傳說，是不是就講這些？」季澤群問。

「那不，至少我還要講一點伏羲和女媧的問題。」

「是啊！為什麼課本上不提女媧？可能有歧視女性的嫌疑。」何蓮田立刻接口。

「原來這就是女性觀點，我懂了。」鄒禮民頗為得意。

「這大概因為寫史權握在男性手中，女媧的傳說就沒有辦法寫進歷史，不過這是我個人的猜測，沒什麼證據。」季澤群果然能講出一點，接著問：「儲老師，您大概不會從這方面來談吧！」

「當然不會，因為我不懂，還要向季先生學習呢！」儲在勤說：「我是把伏羲和女媧連在一起講，主要取材自徐旭生書中的第七章〈所謂黃帝以前的古史系統考〉這篇文章。徐旭生很清楚地指出傳說人物之中有巢、燧人和神農是一個系統，是戰國時代思想家從社會進步階段而想出來用以指示時代的名詞，伏羲和女媧則是另一系統，是另一個集團的神或人神。一直到《易經・繫辭傳》才把伏羲、神農、黃帝、堯、舜依序排列，而《易經》的經書地位，就使人深信不疑，長期以來成為人們遠古歷史知識的主要部分，今天我們使用的課本還是依據這樣的資料來寫的。但是，徐旭生說伏羲在春秋以前一點蹤跡也沒有，早期的書，如《論語》、《墨子》、《孟子》等，沒有一個字提到伏羲。所以他又說，伏羲最早的出現，大約在戰國中葉，第一部提到他的書應當是《莊子》，談得最多的則是《淮南子》，而《淮南子》裡的伏羲則又與女媧有著不能分離的關係。除了文獻上的記載之外，還在漢代武梁祠的石室畫像以及其他的漢代石刻中看到寫明是伏羲的畫像，畫像中的伏羲是人首蛇身，而且還與另一人首蛇身者尾部相交。這是怎麼一回事？聞一多寫過一篇相當長的文章〈伏羲考〉，其中有一些精要的敘述，值得我們唸一下。」於是再從書櫥中取出《神話與詩》，唸道：

伏羲與女媧的名字，都是戰國時纔開始出現於記載中的。……關於二人的親屬關係，有種種說法。最無理由，然而截至最近以前最為學者們樂於擁護的一說，便是兄弟說。此說之出於學者們的有意歪曲事實，不待證明。……此外，較早而又確能代表傳說真相的一說，是兄妹說。……夫婦說見於記載最晚，因此在學者心目中也最可懷疑。直到近世，一些畫像被發現和研究後，這說纔稍得確定。這些圖像均作人首蛇身的男女二人兩尾相交之狀，據清代及近代中外諸考古學者的考證，確即伏羲、女媧，兩尾相交正是夫婦的象徵。但是，依文明社會的倫理觀念，既是夫婦，就不能是兄妹，而且文獻中關於二人的記載，說他們是夫婦的，也從未同時說是兄妹，所以二人究竟是兄妹、或是夫婦，在舊式學者的觀念裡，還是一個可以爭辯的問題。直到最近，人類學者報告了一個驚人的消息，說在許多邊疆和鄰近民族的傳說中，伏羲、女媧原是以兄妹為夫婦的一對人類的始祖，於是上面所謂可以爭辯的問題，纔因根本失去爭辯價值而告解決了。總之，「兄妹配偶」是伏羲女媧傳說的最基本輪廓，而這輪廓在文獻中早被拆毀，它的復原是靠新興的考古學，尤其是人類學的努力才得完成的。苗傜洪水傳說故事的記載有詳有略，但其中心母題總是洪水來時，只兄妹（或姊弟）二人得救，後結為夫婦，遂為人類的始祖。貴州苗人洪水故事兄名Bu-i，用漢語則曰Fu-hsi，也是伏羲的譯音，同故事中的妹曰Kueh，應是媧的對音。除兄妹名字與伏羲女媧相合外，故事中一、創造人類與二、洪水，也與伏羲女媧傳說相合。看來故事中的兄妹即漢籍中的伏羲女媧，便可完全肯定了。但人類學對這問題的貢獻，不僅是因那些故事的發現，而使文獻中有關二人的傳說得了印證，最要緊的還是以前七零八落的傳說或傳說的痕跡，現在可以連貫成一個完整的有機體了。從前是兄妹，是夫婦，是人類的創造，是洪水等等隔離的，有時還是矛盾的個別事件，現在則是一個整個兄妹配偶兼洪水遺民型的人類推源故事。從傳統觀念看來，這件事太新奇，太有趣了。

「聽來確實覺得新奇有趣，」何蓮田說：「我記得漢聲出的《中國童話》中有一篇講西南民族的洪水故事，對了，叫〈葫蘆兄妹〉，大概就是這一類的故事吧！」

「應該是的，」儲在勤說：「我們講伏羲女媧應該有三個重點，第一，古代傳說見於那一部典籍，它的時間是早是晚，我們一定要有些認識。今天我既然已經知道伏羲和女媧的記載出現較晚，就不好再引用《易經》，把伏羲和神農排在一起來講了，這種講法是漢代人對古代歷史的理解，也是很了不起的。第二，既然知道伏羲出於另一個神話系統，那就應該對這兩個神話系統到了秦漢結合起來的事，作一點解釋。徐旭生認為這是西南苗族祖先神話傳入中原，表示中原華夏集團與南方苗蠻集團在文化上的交往與融合，就像他在〈敘言〉中所說：『伏羲女媧也以南方明神的資格，加入了中土聖賢帝相的系統，而後同化作用始告完成，三集團的分辨也同時泯滅，不容易復識了！』所以，這件事的意義是非常重大的。第三，我們怎樣確認伏羲女媧是南方明神？除了記載最早最多的《莊子》和《淮南子》與南方有一定程度的淵源外，主要是借助於人類學的調查與研究。這說明歷史不能只從古書上、資料中去挖掘整理，人文社會方面的其他學科，諸如：人類學、社會學、政治學、經濟學、語言學，以及文學、哲學、藝術、宗教等都能在說明及解釋方面提供很有啟發性的觀點，這也就是我們常說研究歷史應該知道一點輔助學科的意思，而伏羲女媧就是一個最好的例子。」

「可是女媧不見了，還是讓人感到不平。」何蓮田說。

「沒有不見啊，」儲在勤笑著說：「我們讀《紅樓夢》一定會想到女媧，他化身為賈寶玉，講了女子是水做的這句名言，水不是萬物之源嗎？」

「我不喜歡賈寶玉，他專門欺負女生。」何蓮田還是有點生氣。

他們告辭的時候，壁上的鐘敲了十下。

五、匈奴與漢朝之間的戰爭與和平（上）

儲在勤陪著一位中年女子走進書房，說：「讓我來介紹一位我們的新朋友，康雅如老師。康老師是蓮田高二歷史課的任課教師，前次蓮田一再談到她高二的歷史老師，我們聽了都很欽佩，非常高興康老師也能來參加我們的週末座談討論，一定可以給我們很多高明的建議。」

季澤群、鄒禮民、程台威都站了起來。儲在勤簡單地介紹了他們。

「能有這樣一個增長知識，充實自己的機會，我理當儘量爭取。我和蓮田似乎有點緣份，我們可以談得很多，所以，她的話總會誇張了一點，不要完全相信。我的教學經驗不能與儲老師相比，但在這十幾年的時間裡，總覺得同事之間的討論，以及與學生的談話給我很多教學上的啟示，尤其是從學生那裡得到的訊息，或是太難太淺，或是喜歡不喜歡，往往是調整教學方式或內容的重要依據。蓮田就常給我一些建議，儲老師的座談會也是她告訴我，並建議我參加，理由之一是，離得那麼近，走路不到五分鐘。」康雅如一坐下來就侃侃而談，雖是初次見面，卻絲毫沒有靦覥的樣子。

「不是我的座談會，是大家的，是任何對教歷史、學歷史有興趣的朋友的。我只是提供場地、茶水而已。」儲在勤趕忙解釋。

「康老師說得對，學生的反應很重要。」季澤群說：「理論上，老師的講課不只是要注意到學生的反應，甚至還應該注意到學生如何學習。許多教學專家都說，老師如何教，比不上學生如何學來得重要，但在實際上，老師如何教才能取得具體成效的問題都還沒解決，恐怕很難思考學生如何學習的問題。所以，我認為注重學生的反應，把課教好，是我們的首要工作。」

「季先生是務實派，我則有一點空想派，」儲在勤說：「教學專家的主張既然在理論上能夠成立，一定是有些道理的。就像說應該注重學生如何學習，把學生的學習放在首要考慮。那麼，認真探索不同年齡階層學生的學習心理和學習能力，不能說不是一項有助於教學的重要工作。當然，我不是說我們應該立刻動手來做，而是應該把它放在心中，常常想一想，說不定那天我們就能想出一套不錯的辦法，就能拿來做點實驗。這項工作恐怕不是沒有學科專業知識的教學專家所能代勞的。」

「儲老師，我們今天晚上談什麼問題？」鄒禮民很怕老師們一直談這些枯燥的話題，捉住空隙，立即發問。

「對啊！今天晚上談什麼呢？禮民，你給個建議吧！」儲在勤也覺得教學方法的問題並不適合在學生面前談。

「我前幾天看到電視上播的『大蒙古帝國』第一集，很好看，儲老師，我們能不能談談蒙古帝國的歷史？」鄒禮民說。

「我也看了，是英國BBC和日本NHK合拍的，相當精彩，」儲在勤說：「我看了之後，感到我對蒙古帝國的歷史知道得太少了，還得多讀書才行。禮民這個題目，我不敢講，季先生和康老師，您們願意談一下蒙古帝國嗎？」

「我那天有事，要我女兒把『大蒙古帝國』錄下來，還沒看呢。」康雅如說：「我錄下來的目的，就是收集這段歷史的教學資料，我也覺得知道得有限，需要補充。」

「我也不敢談蒙古帝國。」季澤群說：「我有兩個想法，不知道是否妥當。第一，今晚我們不談蒙古，而是談一談同在這片大草原活動的匈奴，理由是不久就會講到這一段歷史，我覺得，我們談的內容能夠與上課的進度有點配合還是比較好。第二，以後是不是前一次就把主題定好，不要臨時才找。再說，先有了主題，我們或多或少可以有點準備。」

「我贊成，特別是季先生的第二個建議。」儲在勤說。

「我贊成季老師的第一個建議，」康雅如說：「每次我講到『秦漢疆域的開拓』這一章就犯愁，一大堆的地名和年代，再加上儘是些打仗的事情，真是覺得沒法講。」

「課總是要講的啊！那您怎麼辦呢？」季澤群也面臨到同樣的困境，很希望聽聽有經驗的老師如何處理這個問題，急迫之情，溢於言表。

「我的辦法並不見得好，只能供您參考，譬如第一節是『漢與匈奴的和戰』，我主要在講李廣，選印《史記》的〈李將軍列傳〉的資料作為講義，上課時帶領學生去想像漢朝與匈奴戰爭的情景，體會一下時代的氣氛。」

「高明！高明！」儲在勤翹起大拇指，說：「果然是個高明的辦法，只恐怕別的老師和班上學生會有批評的意見吧！禮民，歷史老師上課時發一些古文作為講義，你們同學會有怎樣的反應？」

「大概是老師搞錯了吧，怎麼歷史變國文了呢？」鄒禮民顯然是不會喜歡的。

「發《史記》的文章作為講義，當然還是歷史課，」程台威不同意鄒禮民的講法，「如果老師不是一個字一個字地解釋，一句話一句話的翻成白話，而是利用《史記》裡的記載講出一些歷史的情景，我覺得也會是很好的歷史課。」

「我當然不會當國文講，」康雅如急著補充說：「我也不是只講這篇文章，而是摘取其中幾個故事，再加上當時的一些情形，譬如說『山西軍人』和『外戚軍人』的不同等等，組成一堂課的內容。不過，我覺得太史公的文章實在高妙；總要朗誦幾段，和學生一同欣賞。至於學生的反應，有的很喜歡，有的則平平，不過都還能注意聽講，課堂的情緒還是相當不錯的。」

「您所說的『山西軍人』和『外戚軍人』的特點是從傳樂成的那篇〈西漢初年的幾個政治集團〉中摘錄出來的嗎？」季澤群問。

「是的，」康雅如答。

「我說康老師的講法高明，絕不是隨口說出的應酬話，」儲在勤覺得康雅如似乎有點誤會了他的意思，特地加以說明：「一位老師講課之所以高明，主要在於他能設計出一套展現個人風格的教材與教法。我一聽康老師的話，似乎就能想見康老師上課時的風采，而這是季先生您很難學到的。講課的時候，藉著優美的文詞、抑揚的聲調，流露出豐富的感情，往往是女老師的特長。季先生的分析推理能力很強，應該呈現出另一種講課的風格。」

「我承認我講課的時候不常帶有什麼感情，因為我既不會唸一段古文，也不會背一首詩。可是，把感情的流露作為女老師的特長，和理性分析對立起來，恐怕也稍嫌簡略了一點吧！」季澤群說。

「這當然是過於簡單，甚至可以說是粗糙、武斷，不足取，不足取。」儲在勤說：「你看，又是我們三人在談話，把小朋友冷落在一旁了。我想還是進入正題吧！剛才康老師提到課本這一章的標題叫『秦漢疆域的開拓』，老實說，我不喜歡。我在講這一章的時候，我都會說，讓我們來看看秦漢王朝和邊疆民族的關係。又如在第一節，我說，我們先看北亞草原和中原王朝之間的情形吧。我認為標題必然約制著內容，標題既然是疆域的開拓，內容必然就會寫一連串的年代、人名、地名和打仗的經過。問題在於學生要知道這些做什麼？如果說多讀一些漢武帝打匈奴、通西域就能明瞭自己民族的偉大，對於培養民族自信心和愛國情操有所幫助，那真是天大的笑話。換個方向，讓學生知道不同環境中人們的生活方式以及其間的關係，應該是歷史課程中的重要組成部分，這樣講歷史，對於學生來說，多少能夠瞭解一些不同的文化，拓展了他們的視野，讓他們開始留意不同文化的民族，在接觸後所發生的問題，進而培養他們尊重其他民族與文化的態度。這應該是歷史教學的主要目標之一吧。」

「您是從游牧民族的生活，也就是草原上的文化講起？」季澤群問。

「對的，」儲在勤說：「先講地理環境，這片北亞大草原是怎樣形成的。那是因為距海遙遠，海洋上形成的潮濕空氣無法到達，平均年雨量在二百公釐以下。氣溫變化劇烈，冬季嚴寒，夏季酷熱，大部分地區都是滿目荒涼的草原和沙漠。所以，自古以來，就是放牧牛羊馬駝的游牧民族活動的地區。接著講在這片大草原上的游牧民過著怎樣的生活。禮民，你想草原上的游牧民和中原地區的農民，在生活上有哪些顯著的不同？」

「游牧嗎，就是趕著牛、羊到處跑，那裡草多，就到那裡放牧。好像有一句話叫什麼追水草的。」

「那叫『逐水草而居』！」程台威趕緊說。

「謝謝台威的補充，」禮民說：「而農民呢，就是種田嘛，生活當然不一樣。」

「很好，」儲在勤說：「我們能不能這樣說，游牧和農耕生活的最大不同就是移動和定居的不同？」

「當然囉，」禮民覺得這個問題太簡單，沒什麼可說的。

「好，你再想想，一年之中不斷移動和幾輩子都住在一個地方，這兩種截然不同的生活，會產生那些觀念上的重大差異？譬如說，游牧民重視什麼而農民不重視，或者農民重視什麼而游牧民不重視？」

「嗯，總不能說游牧民重視牛、羊而農民不重視，這樣講有點不大對頭。」鄒禮民說。

「是不是農民重視土地，而游牧民不重視？」程台威問。

「朝這個方向去想是對的，可還要想得稍為周密些，答案才能較為完整。難道游牧民真的不重視土地嗎？」

「您是指土地的所有權吧！」季澤群說：「農民重視土地所有權，游牧民不重視土地的所有權，但很重視誰可以在同一塊地方放牧，這是對土地態度的不同。」

「很好，」儲在勤說：「接著季老師的話，我們要問：那些人可以在同一塊土地上放牧？」

「同一族的人，」程台威答。

「對的，」儲在勤接著問：「怎樣分別是同一族，還是不同的族？譬如，正在一塊水草豐美地方放牧的人，看到一些人趕著牛羊正朝著這塊草地走來，他們怎樣分辨是同一族，還是不同族？我們曉得古代游牧民族沒有文字，沒有記載，他們弄不清各個部族之間的複雜關係，但他們有一個簡單的辦法，就是問關於祖先的傳說，同樣的祖先傳說就是同一族，就可以享有同一塊水草豐美的牧地。所以，古代游牧民族流傳著的人狼交配、人鹿交配等等祖先傳說都是有其實際功用的。」

「如果一問不是同樣的祖先傳說，那怎麼辦？是不是要打架？」鄒禮民問。

「你想是不是要打架？一群人好不容易才找到這塊可以放牧的草地，當然不願意不是同族的人來分享。另一方面，那群新來的人恐怕也是走了一段時日，急需一塊可以停下來餵飽牲口的地方，而先到的人不讓他們放牧，要趕他們走，他們當然不願意，於是，只有打一架來決定這塊土地的使用權屬於那方了。所以，打架，或者說戰鬥，就是游牧民族生活中隨時發生的事，是生活中的一部分。這樣的生活又是與農村居民很不一樣，在人們的觀念上，會產生怎樣的差異呢？」

「會打才會贏，」鄒禮民說：「最會打架的人就被選為游牧民的首領。」

「游牧部族的領袖許多是世襲的，」儲在勤說，「並不是打一次仗就換一個人。但是，『會打』，能夠打架，有戰鬥力卻為游牧社會所看重。於是，一些不能打架，失去戰鬥力的人就沒有地位，被人看不起。這是指那些人？」

「病人。」鄒禮民立刻回答，大家都笑了。

「禮民還是用農業社會的觀念來思考，」儲在勤說：「我們講古代游牧社會，就要去想像在大草原上逐水草而居的游牧民所過的生活，以及他們的想法和觀念。禮民，你回答問題很直截，很乾脆，但總是太快，腦筋還是多轉一下，稍為再想一想才好，這樣得出的答案就會不一樣。不過，勇於表達自己的想法，值得鼓勵，是禮民的一大優點。」

「是老人。」鄒禮民想了一下，答案果然不同。

「對啊！」儲在勤很高興鄒禮民一點即通，說：「老年人失去戰鬥力，就沒用了，史書上說匈奴『貴壯賤老』就有這個意思。冒頓單于用鳴鏑射殺父親的故事也多少反映他們『賤老』的觀念。匈奴沒有文字，農業社會對他們的記載，總會從自己的觀點來批判對方的作為，不是很公允的。在『賤老』之外，還有什麼與農業社會不同的觀念？」

「重視女權，」康雅如說：「匈奴的皇后，就是閼氏，權力蠻大的，與單于相差不遠，或許是婦女也有一定戰鬥力的反映。」

「我想也是如此，」儲在勤說：「游牧社會重視女權，具有男女平等的精神，與農業社會的男女觀念不同，唐代社會的風氣較為開放，女人也可以當皇帝，多少總是受到胡人風氣的影響，而所謂胡人的風氣，就是游牧民族的一些思想觀念。」

「儲老師，您剛剛說古代游牧民族沒有文字，沒有記載，為什麼？為什麼他們沒發明文字？」程台威問。

「我想，最主要的原因是他們的生活相當簡單，沒有累積經驗的需要，也就缺少發明創造文字的動力。我們必須瞭解，古代早期草原游牧民的生活是非常貧困的。」

「可是，匈奴的力量並不弱啊！漢高祖劉邦還被匈奴打敗呢，」程台威繼續說道：「難道匈奴力量的強盛就是因為他們非常貧困嗎？這樣講好像不通。」

「當然不通，」儲在勤說：「台威，你把游牧民族和匈奴當成一回事了。匈奴是游牧民族，沒錯。可是匈奴的強大是等到匈奴帝國出現以後，從游牧民族到游牧帝國是有一段發展的過程。好了，我們已經談過草原游牧民族的文化，現在要進入了第二個問題了，那就是匈奴是怎樣強盛起來的？因為我們剛剛談過，純粹的游牧生活非常簡單貧困，不需累積經驗也就不能聚積力量，匈奴既然已經形成一股強大的勢力，一定添加了某些游牧以外的成分，使他們的力量得以聚積。如果大家同意這個論點，我們就要問，匈奴的強盛，是在游牧生產之外又增添了那些新的成分？」

「農業和手工業，」康雅如說：「我記得以前讀過講匈奴的書，提到衛青率軍攻入匈奴的一座城，得到很多糧食，撤軍的時候還把城拆毀，糧食燒掉。可見匈奴已經有了農業。手工業則以冶鐵為最重要，製作一些農具和兵器，另外還有金銀銅的鑄造業，製作各種的裝飾品。」

「是的，」儲在勤說：「衛青率軍攻入匈奴的趙信城，撤軍時拆毀城牆，燒毀餘糧，就是在課本上所說元狩四年，衛青自定襄出塞，大敗單于，至寘顏山而還的那一次大出擊，趙信城就在寘顏山。《漢書・匈奴傳》有清楚的記載。至於匈奴是怎麼會有了農業，築了城牆，並且懂得冶鍊鑄造金、銀、銅、鐵各種飾品和用具，毫無疑問是受到附近非游牧民族的影響，也許從事農耕、築城以及冶鍊鑄造的，大都不是匈奴人，而是投靠匈奴，或者被他們虜掠來的漢族農民、西域工匠。除了農業和手工業之外，恐怕還有一項成分，對於匈奴力量的強盛也有相當影響，你們想應該是什麼？」

「只有商業了！」季澤群答。

「正是，正是商業，」儲在勤說：「游牧民族以自己生產的牲畜向其他地區進行物物交易，換來各種東西，除了自身消費，剩餘的還可以作為商品來轉賣。於是，東亞和西亞的若干物品，就這樣通過草原大道有了交流，游牧民也從中得到利潤。貿易範圍越大，利潤越多，社會財富也就越能積累。另一方面，他們以武力保護貿易，也可以得到豐厚的收入。所以，有的學者認為，游牧民族都具備強烈的商業性格。你們同意嗎？」

「聽來似乎頗有道理，只能同意。」康雅如說。

「關於第二個問題，我們是不是可以得到這樣的一個解答，就是，游牧生產＋農業＋手工業＋商業＝游牧帝國。匈奴是一個游牧帝國，它之所以強盛，就是增添了這些游牧生產以外的成分。我覺得，這是一個關於『發展的因素』的觀念，蠻重要的，應該讓學生有所瞭解。」

「儲老師，我想請教一個問題，您教學時所要傳達的觀念以及知識內容是從那裡選取的，也就是要讀那些書？雖然您剛剛提到《漢書・匈奴傳》，但我相信只讀《漢書・匈奴傳》是絕對不夠的。」康雅如問。

「康老師，我知道。」鄒禮民舉手表示要回答。

儲在勤愣了一下，說：「好啊，禮民你替我說。」

「《中國歷史大百科》和《中國歷史三百題》，這是我們儲老師的祕笈。」

儲在勤一面大笑，一面搖手，說：「不對，不對。我不是從這兩本祕笈中取材的。《大百科》是備查的工具書，《三百題》是普及性讀物，都嫌簡略。我剛剛談到的這些內容主要是從一本叫《古代北西中國》中選取材料的。康老師，您讀過這本書嗎？」

「沒有，我不知道，作者是誰？」康雅如問。

「季先生，您知道這本《古代北西中國》嗎？」儲在勤問季澤群。

「我知道有這麼一本書，沒仔細唸過，印象中有的同學蠻喜歡，有的同學不喜歡，好像有一點爭議。」

「《古代北西中國》的作者叫姚大中，在大學擔任中國通史、中國現代史這一類的課程，沒聽說在歷史系教書，其他情形我也不清楚。但是這本書卻頗可一讀，主要是作者採取許多日本學者的論點加以編寫，我們可以藉由他的敘述間接知道日本學者在這方面的研究成果。由於日本長期重視滿蒙研究，抗戰前東北的南滿鐵道株式會社提供雄厚的財力支援，投入的人力相當不少，成績也頗為可觀，在這個領域內，日本學者無可否認的居於領先地位。當然我們知道日本人的滿蒙研究絕對不是為了純粹學術的目的，而是有他們政治上的企圖與野心。」

「季先生說這本書有爭議，一點都不錯，本書有兩項缺點，會讓讀者不喜歡。第一，不大按照學術規矩，讀者完全不知道哪些是作者的看法，哪些是引用別人的論點，就是別人的論點，也沒註明是何人所說，可以見於何書。第二，文字不夠順暢，日文語彙和句法時常出現，閱讀時只能觀其大意，禁不起仔細推敲。」儲在勤說著站起身來，在書櫥中找到三民書局印行的《古代北西中國》，翻開第一頁，說：

「就看這本書的第一句話是怎麼寫的吧！『傳統中國歷史記載，往往使地域範圍固定在長城以南，歷史的擔當者也限漢族。』我們當然可以知道作者要表達的意思，但流暢通順的中文一定不是這樣寫的，再說什麼叫『歷史的擔當者』？也不是中文裡的詞彙。第一句話往往就是整本書文字風格的縮影，這本書文字上的毛病是很多人不能耐心讀下去的重要原因。我還是覺得可以觀其大意的。對了，還有一本小書也頗可一讀，也是日本人寫的。」又站起身來，就在《古代北西中國》的旁邊，抽出一本小小的《騎馬民族國家》。

「這本書的作者是日本著名的學者江上波夫，譯者是大陸的一位考古學者，也是有點名氣的小說家張承志，一九八八年由光明日報出版。按理由文學家翻譯的史學作品，文字一定精美無比，這本書卻不然，張承志在譯後追記中說，翻譯這本書只是為了學習，譯完到出版事隔七年。又說出版之前，『讀著那上面幼稚得陌生的文字時，突然間出現了一股恍如隔世之感。』顯然他自己並不滿意書中的文字。我讀的感覺也是不理想，但比姚大中要好一些。還有，這本小書分成兩部，第一部是『什麼是騎馬民族』，不到九十頁，第二部是『日本的征服王朝』，超過一百頁。對日本古代史有興趣的人也會喜歡這本書的。康老師，季先生，您二位也請提供點訊息，好嗎？」

「我提不出什麼好書。儲老師，我們還等著您的第三個問題呢。」康雅如說。

「噢，是的，該談第三個問題了。我安排的第三個問題是北亞游牧民族為什麼總是會向南侵略？」

「我讀過一篇蠻棒的文章，專門討論這個問題，」季澤群說：「作者把各家學說分成幾種原因，簡明扼要地加以敘述和討論，最後還提出綜合性的看法。我讀的時候很喜歡，到現在還印象深刻。」

「我能請問一下，是那一篇文章，作者是誰嗎？」康雅如問。

「對不起，我應該先說這篇文章的題目，好像叫〈北亞游牧民族南侵的各種原因〉，作者是哈佛大學博士，名字不記得了，儲老師，您知道嗎？」

「知道，」儲在勤從書櫥中找到一本《中國通史論文選集》，翻開目錄，說：「文章叫〈北亞游牧民族南侵各種原因的檢討〉，作者是蕭啟慶。」把書闔上，遞給季澤群。說：「請您挑一兩段精彩的內容，給我們講講，好嗎？」

季澤群把書大概地翻了一遍，說：「如果用於講課，只能提出一兩個論點，我覺得還是貿易受阻論最適合。至於給老師做參考，歷史老師應該知道，但不必講給學生聽的，則是作者的結論。我能不能請禮民和台威各唸一段？」

「當然可以，請，」儲在勸說，康雅如也點頭同意。

季澤群把書翻開，告訴鄒禮民從那裡讀起，到何處止。

第四種解釋為貿易受阻論。近來主張這一論的學者最多。我國有札奇斯欽先生、余英時先生；美國有賽瑞斯神甫(Rev. H. Serrucys)；匈牙利有艾克西迪(Hilda Ecsedy)氏；日本則有松田壽男、田村實造、荻原淳平等人。這些學者或則研究漢代和明代的朝貢制度兼及貿易，或則研究隋唐的絹馬貿易，或則研究明代的茶馬貿易，或則研究土木之變的經濟背景，或則綜論千年來的貿易和戰爭與和平的關係，題目容有不同，結論容有小異，但大體上都肯定游牧民族與農耕社會間貿易的有無跟兩者間的戰和有極大關係。現因限於篇幅、無法分列各家的論點，茲綜述於後：

一、游牧民族有向農耕社會取得若干物資的必要。這些物資可以和平的方式——朝貢與互市——取得；也可以掠奪的方式去取得。掠奪是一種無償的貿易，但因中國邊防堅強，武器優異，游牧民寧願出之於和平的方式。武裝掠奪是一種不得已的次要方式。

二、無論游牧國家和農業王朝維持什麼形式的外交關係——漢初與匈奴的昆弟對等關係，宋遼、宋金的叔姪關係，或朝貢制度下的君臣關係——都蘊含著交換方物和互市的經濟交換關係。游牧國家跟中國朝廷維持正常外交關係的著眼點，即在於這種經濟交換。因此對游牧民族而言，接受歲幣或賞賜和互市，才是朝貢與和親的實質。

三、中國對這種貿易卻常不從經濟觀點著眼，而從政治著眼。中國古來自認為物產豐饒、無庸對外貿易。中國強力的中央集權的官僚組織，更嚴格地限制了私人的對外貿易。商人與邊疆百姓對國際貿易的需要，多不為政府所顧及。政府著重的是以對外貿易為「和戎之一術」，把它當作維持以中國「天子」為中心的世界秩序——朝貢制度——的一種手段。所以，對中國而言，通關市與賞賜禮物是建立世界秩序的代價。

四、中國朝廷往往由於政治設想或財政困難，而與游牧民族斷絕或減少互市。在這種情形下，游牧民族唯有以武力來開拓市場。對游牧民族而言，戰爭和貿易是不相矛盾的。貿易是武力的目標，武力是貿易的後盾。貿易有賴軍事行動來創造機會；而貿易數量的大小往往與他們所能投資的武力的強弱成正比。這一種貿易論的看法兼顧了游牧國家的經濟特質和中國傳統對外關係的特質，可說觸及了游牧民族與中國之間戰和關係的最根本的原因。但討論貿易之重要性者必須兼顧下述的掠奪說，始能得到較為平衡的看法：因為游牧民族之犯邊，並非全由農耕國家斷絕關市所引起。

第五種解釋：掠奪是游牧民族的一種重要生產方式。主張這一說法者有青木富太郎、護雅夫、江上波夫等人。由於草原社會的生產力不穩定，工藝技術落後，難於累積財富，而游牧民族又是盡人皆兵，所以聚眾掠奪是游牧社會的一種自然的無償輸入行為，也可說是一種生產行為；藉以解脫困厄，或增益生活內涵。這種掠奪又可分為：(1)游牧民之間的互相掠奪，(2)對來往草原的隊商的掠奪，(3)對農耕社會的侵奪。現在所擬討論的乃是最後一類。

游牧民對農耕社會的掠奪，主要是由於受後者的物資誘惑。當游牧民族有統一的政治組織，而且兵強馬盛時，常會發動大規模的掠奪戰。例如，匈奴冒頓、老上、軍臣三單于皆屢次違背和親之約，侵略漢邊，便是以掠奪為目標。也先的侵攻明朝而引起土木之變，基本的動機也在於掠奪。江上波夫指出：匈奴掠奪的主要目標為(1)家畜，(2)人口，(3)物資。前兩者是游牧民不可或缺的生活資料和生產手段（工匠，奴隸），都是正規互市中無法取得的；後者則足以增加游牧君長和平民的財富。

掠奪可說是游牧社會中無論貴賤都歡迎的一種生產方式。朝貢貿易的利潤，似為可汗及少數貴族所壟斷，而掠奪的戰利品，則由大家所分享。這幾乎是古來游牧民族一貫的習俗法。匈奴人「所得鹵獲，因以予之，得人以為奴婢，故其戰，人人自趨為利。」鮮卑人「每鈔略得財物，均平分付，一決目前，終無所私。」可見掠奪是一項重要的利益均霑的生產行為，雖然酋長仍保持分配戰利品的權利。

總之，貿易與掠奪是游牧民族取得所欠缺物資的兩種方式，兩者相輔相成，各有各的功能。掠奪是一種無償的貿易；以武力為後盾的貿易也可視為一種變相的掠奪。至於以武力屈服農耕國家，西域綠洲城市，或其它草原部落，強徵貢賦或歲幣，也可視為一種長期性的、制度化的掠奪。

「禮民，你能懂得你讀的這段文字嗎？」儲在勤問。

「大概能懂。游牧民要和農耕社會做生意，農耕社會不答應，他們得不到想要的東西，就出兵進攻。還有就是農耕社會並不重視和游牧民族做生意，而是朝廷為了政治目的的一種手段。還有一點，游牧民族與農耕社會做生意的好處是貴族得到，一般平民只有用搶的，搶到的就是自己的。」

「我仔細聽了，覺得有許多高一學生無法瞭解的歷史名詞，像是：朝貢制度、官僚組織、世界秩序等等，所以並不適合他們閱讀」康雅如說。

「我也不認為這段文字可以製成講義，印給學生，」季澤群說：「其中有些論點可以解釋給學生聽，至於朝貢制度、世界秩序這些詞都是不需要講的，就是講也很難講得清楚。」

「那我們的看法是相同的。」康雅如說。

「我也贊成。」儲在勤再湊上一句。

季澤群又把書遞給程台威，請他唸最後一段。

> 游牧民族南侵的原因，深深植根於他們的經濟體系之中。游牧經濟有對自然變化的脆弱性，對農耕社會的倚存性和工藝文明的遲進性。對農耕社會的貿易與掠奪，是游牧民族解決經濟問題的兩個變換手段。從表面看來，無論為解決因

氣候變化所造成的經濟困難或為取得游牧社會所不生產的奢侈品，掠奪都不失為一捷便的手段。但通常衹有在游牧民族本身有相當統一的政治組織，兵強馬盛，而中國則在分裂狀態，大難初定、或已由盛而衰的情形下，游牧民族始能發動有效的掠奪戰爭。少數為飢寒驅迫的游牧民，以血肉之軀與中國的強弩高壘相對抗的例子並不多見。和平的朝貢與貿易，則是游牧民解決對農耕社會經濟倚存問題的另一方式。這種貿易的發展，往往有賴於武力為後盾，要求貿易不遂，常迫使游牧民族發動戰爭。但貿易不遂不是造成游牧民族南侵的唯一原因，而游牧民族在武力上的優勢，也未必是與農耕國家建立貿易關係的唯一要件。

除去這些經濟因素外，游牧君長的對內政治設想和帝國意識，也是觸動他們對外侵略的原因。就對內政治設想而言，對農耕社會的掠奪、貿易和戰爭，是游牧君長吸引部眾，絕對化其權力的重要因素。就意識型態而言，游牧民族的獨立主權與普遍王權的觀念，常是促成他們與農耕國家發生衝突乃至發動征服戰爭的心理原動力。上述各種動機所觸發的戰爭，可能是局部性的掠奪戰，也可能是全面性的征服戰。戰爭性質的差別與規模的大小，不僅決定於動機的差別，

> 而且決定於游牧社會和農耕社會雙方的內在形勢和相對的軍事力量上。不過，征服王朝的建立則可看作上述各種動機的最高體現。就政治觀點而言，征服王朝代表游牧君長權力絕對化與普遍王權觀念的實現。就經濟觀點而言，則是游牧社會對農耕社會經濟倚存的極限狀態的實現——掠奪和貿易都出之於稅收的方式。

「台威，你懂嗎？」儲在勤問。

「前一段能懂，後一段不懂。」程台威說：「像是：『對內政治設想和帝國意識』，『絕對化其權力』我都不知道是什麼意思，最後一句『掠奪和貿易都出之於稅收的方式』也不懂。這一段寫得很深奧，沒有老師講解，高中學生是讀不懂的。」

「我看啊，老師未必能講得清楚，就是講清楚了，高一學生也還是聽不懂。」儲在勤說：「照我的想法，發這樣的講義或講這樣的內容，還不如太史公的〈李將軍列傳〉來得有效果呢。」

「我剛剛已經聲明在先，蕭啟慶的結論是老師應該知道，但不需要在課堂上講的那種歷史知識。一位歷史老師要想講得淺明清楚，一定要懂得很多，具有豐富的知識。我這樣子講，不知道兩位老師是否同意？」季澤群也感到這段結論深了一點，趕緊解釋。

「我舉雙手贊同，」儲在勤說：「我一向提倡史料教學，主張多印講義在上課使用，或作課外閱讀。不過，我們選取史料的時候必須考慮到學生的能力，一定要謹慎仔細。至於老師，當然應該多讀書，蕭啟慶這篇幾乎任何一本中國通史論文集中都有選錄的著名文章，更是非讀不可的。」

「我沒唸過，深感慚愧，」康雅如說：「季老師讀過的書真不少，真是後生可畏。我們那時唸大學，還是上課抄筆記為主，畢業後到中學教書，接觸新觀念，新訊息的機會不多，真是孤陋寡聞。所以，蓮田跟我一說，我就很想參加，果然是很有收穫。」

「康老師，您不要客氣，」儲在勤說：「大家談談，交換些心得感想，總會有收穫的。您的教學經驗一定可以給年輕老師很多啟發。您下次還能來嗎？」

「一定來，一定來。」

「好極了。今天就談到這裡吧，時間不早，該回去休息了。兩個禮拜後，我們繼續談北亞草原和中原王朝的關係。」

「下次來的時候，會講打仗的事嗎？我聽了兩個多鐘頭，好像要打了，還是沒打起來。

講打仗的事會比較有趣好聽。」鄒禮民在出門時沒忘了問儲老師。

「一定，一定。」

六、匈奴與漢朝之間的戰爭與和平（下）

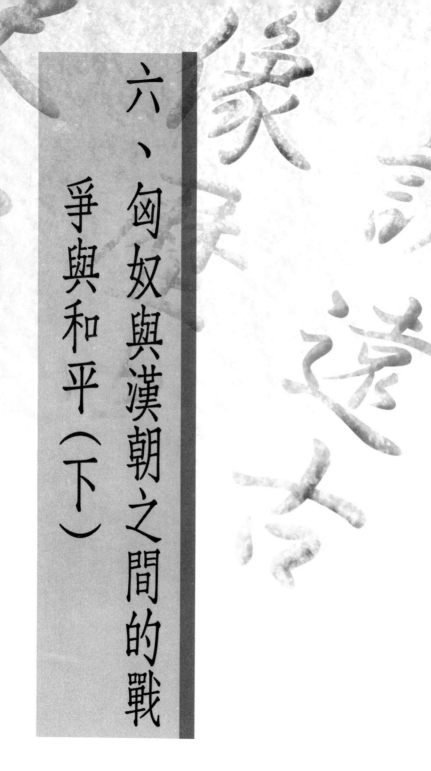

康雅如一進門，連聲抱歉。她遲到了十分鐘，大家都住在附近，沒有交通堵塞的問題，那一定是有點什麼事情給耽擱了。

「蓮田打電話來，我們談得久了一些。學校開始調查參加推荐甄選的意願，她問我的意見，我很贊成，勸她不要放棄。她也想一試，不過，要學歷史還是法律，她拿不定主意，歷史是她喜歡的科目，可是，看到一些女律師、女法官的傑出表現，又讓她心動不已，在電話裡一直講個不停，說來說去，就是無法決定。」

「表姊應該填歷史系，她那麼喜歡歷史，將來一定可以學得很棒。她不學歷史，去讀什麼法律，儲老師會失望的。」鄒禮民永遠搶先發言。

「禮民，你又錯了。蓮田唸法律，將來當律師或法官，或做任何工作，都很好啊！喜歡歷史不一定要進歷史系啊！我贊成蓮田唸法律。」儲在勤說。

「我心裡也是這樣想，」康雅如說：「可是我不大講得出口，我覺得自己學歷史教歷史，應該鼓勵學生也去學歷史，既然我們一再說歷史很重要，現代人不可以不知道過去，不可以不研究歷史，到了這種關鍵的選擇時刻，馬上改口說還是法律有用，學了法律可以當律師、法官，總比學歷史當老師當教授強。這些話我說不出口。」

「這種話我也說不出口，」季澤群說：「不過，儲老師說喜歡歷史，學習歷史，卻不一定要唸歷史系，我覺得也是有道理的。我們應該鼓勵每一位同學多學點歷史，而不是鼓勵某位同學去唸歷史系，去研究歷史。」

「季先生講得很好。關於學生要學什麼，我認為還是看他真正的興趣所在，蓮田既然十分嚮往律師和法官的工作，一定不會對法律沒興趣，學法律應該是很好的選擇。當然，學歷史也不錯，由她自己做決定吧。不過，學習歷史或者說研究歷史都相當辛苦，得下苦功，千萬不要因為上課老師講得精彩動聽就誤以為學歷史會是輕鬆有趣的事。」儲在勤說。

「這一點我會提醒她的。」康雅如說：「我們該談第四個問題了吧。」

「該是漢朝跟匈奴打仗的經過吧！」鄒禮民問。

「是的，」儲在勤說：「雙方在大軍正面對壘，一聲令下，衝鋒陷陣之前，應該先做些什麼？禮民，你說說看。」

「嗯，讓我想想看，對了，應該是分析軍情，這叫做知彼知己，百戰百勝。」

「講得很好，」儲在勤接著問：「我們能不能看到匈奴和漢朝有關雙方戰力分析的記載？」

「這個題目該台威回答。」鄒禮民說。

「匈奴沒有文字，不會有記載，漢朝應該有的，我們應該可以看得到。在哪本書裡有，我就不知道了。」程台威說。

「講得也很好，」儲在勤說：「非但有，而且分析得很精彩呢，匈奴的長處有那些，自己的長處有那些，兩相比較，就可以決定最妥當的戰略了。我覺得在講匈奴與漢朝的作戰時，這個分析應該先介紹一下。」

「您是說漢文帝時鼂錯的分析？」季澤群問。

「正是。」

「上次提到先定談論的主題，好讓我們也稍稍作點準備，所以我在今天上午把漢朝與匈奴的戰爭問題想了一下，覺得張蔭麟的《中國上古史綱》裡面有一段文字可以用，非但用於講課，就是印成講義，發給學生也很適合。這段文字中就包括鼂錯所作的分析。」季澤群說著就從一個紙袋裡拿出一本書：《張蔭麟先生文集上冊》。

「季先生是有備而來的啊！」儲在勤笑著說。

「那當然，凡事豫則立嘛！是不是也讓禮民為我們唸一下？」

> 當秦始皇時，匈奴既受中國的壓迫，同時它東邊的東胡和西邊的月氏（亦一游牧民族，在今敦煌至天山間，其秦以前的歷史全無可考。）均甚強盛。因此匈

奴只得北向外蒙古方面退縮。但秦漢之際的內亂和漢初國力的疲敝，又給匈奴以復振的機會。適值這時匈奴出了一個梟雄的頭領，冒頓單于。冒頓殺父而即單于位約略和劉邦稱帝同時。他把三十萬的控弦之士套上鐵一般的紀律，向四鄰攻略：東邊，他滅了東胡，拓地至朝鮮界；北邊，服屬了丁零（匈奴的別種）等五小國；南邊，他不獨恢復蒙恬所取河套地，並且侵入今甘肅平涼至陝西膚施一帶；西邊，他滅了月氏，把國境伸入漢人所謂「西域」中（即今新疆及其以西和以北一帶）。這西域包涵三十多個小國，其中一大部分不久也成了匈奴的臣屬，匈奴在西域設了一個「僮僕都尉」去統轄它們，並且向他們徵收賦稅。冒頓死於文帝六年（公元前一七四），是時匈奴已儼然一大帝國，內分三部：單于直轄中部，和漢的代郡雲中郡相接；單于之下有左右賢王，分統左右兩部；左部居東方，和上谷以東的邊郡相接；右部居西方，和上郡以西的邊郡及氐羌（在今青海境）相接。胡俗尚左，左賢王常以太子充任。

匈奴的土地雖廣，大部分是沙磧或滷澤，不生五穀，而除新佔領的月氏境外，草木也不十分豐盛，因此牲畜不會十分蕃息。他們的人口還比不上中國的一大郡。當匈奴境內人口達到飽和的程度以後，生活的艱難，使他們不得不以劫掠中國為一種副業。而且就算沒有生活的壓迫，漢人的酒穀和絲繪，對於他們，也是莫大的引誘。匈奴的人數雖寡，但人人在馬背上過活，全國皆是精兵。這是中國人所做不到的。光靠人口的量，漢人顯然壓不倒匈奴。至於兩方戰鬪的本領，號稱「智囊」的鼂錯曾作過精細的比較。他以為匈奴有三種長技：

(1)上下山阪，出入溪澗，中國之馬弗如也。

(2)險道傾仄，且馳且射，中國之騎（兵）弗如也。

(3)風雨疲勞，飢渴不困，中國之人弗如也。

但中國卻有五種長技：

(1)平原易地，輕車突騎，則匈奴之眾易撓亂也。

(2)勁弩長戟，射疏（廣闊）及遠，則匈奴之弓，弗能格也。

(3)堅甲利刃，長短相雜，游弩往來，什伍俱前，則匈奴之兵（器），弗能當也。

(4)材官（騎射之兵）騶（驟）發。矢道同的，則匈奴之革笥木薦弗能支也。

(5)下馬地鬪，劍戟相接，去就相薄，則匈奴之足，弗能給也。

這是不錯的。中國的長技比匈奴還多，那麼，漢人對付匈奴應當自始便不成問題了。可是漢人要有效地運用自己的長技，比之匈奴，困難得多。匈奴因為是游牧的民族，沒有城郭宮室的牽累，「來如獸聚，去如鳥散」，到處可以棲息。他們簡直用不著什麼防線。但中國則從遼東到隴西（遼寧至甘肅）都是對匈奴的防線，而光靠長城並不足以限住他們的馬足。若是沿邊的要塞皆長駐重兵，那是財政所不容許的，若臨時派援，則漢兵到時，匈奴已遠颺，漢兵要追及他們，難於捉影。但等漢兵歸去，他們又捲土重來。所以對付匈奴，只有兩種可取的辦法：一是一勞永逸的大張撻伐，拚個你死我活。二是以重賞厚酬，招民實邊，（因為匈奴的寇掠，邊地的居民幾乎逃光。）同時把全體邊民練成勁旅。前一種辦法，武帝以前沒有人敢採。後一種辦法是鼂錯獻給文帝的，文帝也稱善，但沒有徹底實行。漢初七八十年間對匈奴的一貫政策是忍辱修好，而結果殊不討好。當高帝在平城給冒頓圍了七晝七夜，狼狽逃歸後，劉敬獻了一道創千古奇聞的外交妙計：把嫡長公主嫁給單于，賠上豐富的妝奩，並且約定以後每年以匈奴所需的漢產若干奉送，以為和好的條件；這一來匈奴既顧著翁婿之情，又貪著禮物，就不便和中國搗亂了。高帝想不出更好的辦法，只捨不得公主，於是用了同宗一個不幸的女兒去替代。不過單于們所希罕的毋寧是「蘗酒萬石，稷米五千斛，雜繒萬匹」之類，而不是託名公主，未必嬌妍的漢女。所以從高帝初年到武帝初年間共修了七次「和親」，而遣「公主」的只有三次。和親使單于可以不用寇掠而得到漢人的財物。但他並不以此為滿足，他手下沒得到禮物或「公主」的將士們更不能滿足。每度和親大抵只維持三幾年的和平。而堂堂中國反向胡兒納幣進女，已是夠丟臉了，賈誼所謂「可為流涕」的事，就是指此。

「這段內容不難，可以讀得懂，而且還算有趣。」鄒禮民唸完之後，不忘補上了這麼一句。

「這裡講到匈奴是游牧民族，沒有城郭，好像跟上次康老師的講法有點矛盾。到底匈奴是有城郭，還是沒有城郭呢？」程台威問。

「並不矛盾吧，」康雅如解釋道：「匈奴是游牧民族，大部分的人過著逐水草而居的生活。只是，在某些有固定水源的地方也開闢出一些耕地，種一些糧食，還搭建了城郭。這種情形是比較特殊的，雖然有它的影響，卻不能說匈奴社會已經出現很大的改變。我不知道這樣講你能不能瞭解？」

「多用點想像力，」儲在勤對程台威說：「去想像那片大草原上的景象，只在有限的幾個地方出現城郭，大多數的匈奴人還是『來如獸聚，去如鳥散』，到處可以棲息。張蔭麟只是大筆一揮，畫了大草原的大概樣子，是寫意手法，自然不會注意到枝節細微的地方。」

「我懂了。」

「這是武帝征匈奴以前的情形，」季澤群說：「我覺得張蔭麟寫武帝征討匈奴也很好，他把武帝對待外族的經過分為四個時期，第一個時期是初即位的六年，承襲文景以來保境安民的政策，第二個時期是竇太后死到元狩四年，有十六年，也就是公元前一三五到一一九年，這是專力排擊匈奴的時期。我覺得這一段寫得精彩，值得唸。還是禮民唸吧！」

竇氏之死，給漢朝歷史劃一新階段。她所鎮抑著的幾支歷史暗流，等她死後，便一齊迸湧，構成捲括時代的新潮。自她死後，在學術界裡，黃老退位，儒家的正統確立；政府從率舊無為變而發奮興作，從對人民消極放任變而為積極干涉。這些暫且按下不表。現在要注意的是漢廷的對外政策從軟弱變為強硬。她死後的次年，武帝便派重兵去屯北邊；是年考試公卿薦舉「賢良」，所發的問題之一，便是「周之成康……德及鳥獸，教通四海，海外肅慎，……氐、羌徠服。……嗚呼，何施而臻此歟？」次年，便向匈奴尋釁，使人詐降誘單于入塞，同時在馬邑伏兵三十萬騎，要把單于和他的主力一舉聚殲。這陰謀沒有成功，但一場狠鬬從此開始。

鼂錯的估量是不錯的。只要漢廷把決心立定，把力量集中，匈奴絕不是中國的敵手。計在這一期內，漢兵凡九次出塞撻伐匈奴，前後斬虜總在十五萬人以上，只最後元狩四年（公元前一一九）的一次，也是最猛烈的一次，就斬虜了八九萬人。先是元狩二年（公元前一二一），匈奴左地的昆邪王慘敗於霍去病將軍之手，單于大怒，要加誅戮，他便投降漢朝，帶領去的軍士號稱十萬，實數也有四萬多。光在人口方面，匈奴在這一期內，已受了致命的打擊。（匈奴比不得中國，中國便遭受同數目的耗折也不算一回事。計漢初匈奴有控弦之士三十萬，後來縱有增加，在此期內壯丁的耗折總在全數一半以上。）在土地方面，匈奴在這一期內所受的損失也同樣的大。秦末再度淪陷於匈奴的河套一帶（當時稱為「河南」）給將軍衛青恢復了。武帝用《詩經》中讚美周宣王征伐玁狁，「出車彭彭，城彼朔方」的典故，把新得的河套地置為朔方郡；以厚酬召募人民十萬，移去充實它；又擴大前時蒙恬所築憑黃河為天險的邊塞。從此畿輔纔不受匈奴的威嚇。後昆邪王降漢，又獻上今甘肅西北的「走廊地帶」（中包括月氏舊地），為匈奴國中最肥美的一片地。武帝把這片地設為武威、酒泉兩郡（後來又從中分出張掖、敦煌兩郡，募民充實之。）從此匈奴和氐羌（在今青海境）隔絕，從此中國和西域乃得直接交通，從此中國自北地郡以西的戍卒減去一半。後來匈奴有一首歌謠，紀念這一次的損失道（依漢人所譯）：

失我焉耆（燕支）山，
使我婦女無顏色！
失我祁連山，
使我六畜不蕃息。

最後在元狩四年的一役，匈奴遠遁至瀚海以北，漢把自朔方渡河以西至武威一帶地（今寧夏南部，介於綏遠和甘肅間地。）也佔領了，並且在這裡開渠屯田，駐吏卒五六萬人（惟未置為郡縣），更漸漸的向北蠶食。是年武帝募民七十餘萬充實朔方以南一帶的邊境。

「太短了，不過癮，打得也不夠激烈。」鄒禮民略帶失望。

「寫得真好，」儲在勸說：「這就是我們所強調的掌握重點。漢武帝打匈奴，最大的成就在於徹底解除國防上的威脅，把匈奴從大漠以南的地方趕走之外，還將匈奴國中最為肥美的土地搶了過來，採取移民實邊政策，牢牢地掌握在漢朝手中。從另一方面看，匈奴損失慘重，從此一蹶不振，匈奴人唱起哀嘆這次損失的歌謠，也就特別感傷。導致這樣的結果，鼂錯的估算和武帝的決心都是重要的因素，衛青和霍去病的表現也是可圈可點。我覺得講武帝打匈奴這件史事，把握住這幾個重點儘夠了。這幾點沒講全就有缺憾，就欠完善。張蔭麟的這部書是我常唸的，我也常向同事們推荐它，我覺得一個歷史教師可以從這部書中學到教學的方法，像我們剛剛所說如何掌握重點是一個例子。另外，細讀這本書還可以學他如何分析問題，例如他講墨子的那一節，看他怎樣提出問題，然後一一解答，這種方式就可以借來用在我們的教學上，不妨先把問題擬好，上課時候就如同帶著學生思考這些問題，一步步地設法解決。同在墨子這一節，張蔭麟所作孔、墨的比較，也是極其清楚，給人明確的印象，也是可以學的。我們常常抱怨市面上買不到一本稍有水準的《歷史教學法》或《歷史教材教法》之類的書，其實這類書未必真能管用，倒是多讀一些好的歷史書，仔細琢磨琢磨人家的寫法，從取材、編排、議論到文字，明白其中的道理，往往也能轉化到課堂教學上來，張蔭麟的書是其中之一。講到文字，也是他這本書的一大長處，對了，禮民、台威，你們都在國中國文課本上讀過他的文章，是嗎？」

「是的，國二那年，有一課『孔子的人格』，是張蔭麟寫的。」鄒禮民回答。

「你看，張蔭麟的文章都選進國文課本，一定是值得誦讀再三的。我記得他寫春秋與戰國不同的那段，真是漂亮的文字啊！季先生，請把書借給我看一下，我也讀它一段，請大家一起來欣賞張蔭麟的漂亮文字！」

春秋時代的歷史大體上好比安流的平川，上面的舟楫默運潛移，遠看彷彿靜止；戰國時代的歷史卻好比奔流的湍瀨，順流的舟楫，揚帆飛駛，頃刻之間已過了峰嶺千重。論世變的劇繁，戰國的十年每可以抵得過春秋的一世紀。若把戰爭比於賭博，那麼，春秋的列強，除吳國外，全是涵養功深的賭徒，無論怎樣大輸，決不致賣田典宅；戰國時代的列強卻多半是濫賭的莽漢，每把全部家業作孤注一擲，每在旦夕之間，以富翁入局，以窮漢出場，雖然其間也有一個賭棍，以賭起家，終於把賭伴的財產騙贏淨盡。

「真是好文章，也是好語言，歷史老師要加強語言表達能力得多讀這類文章。」儲在勤似乎意猶未盡。

「您說張蔭麟的《中國上古史綱》是我們可以學到東西的歷史書之一，請問您能不能再舉幾本？」季澤群問。

「我至少可以舉一本，」儲在勤答：「范文瀾的《中國通史簡編》，也是我很喜歡的一部書。哎呀，我們不是在談漢朝和匈奴打仗嗎，怎麼又扯到范文瀾了，趕緊收回來，范文瀾的書我們以後再談吧！」

「如果講武帝撻伐匈奴只講這幾個重點的話，我還是要替李廣抱不平。李廣一生與匈奴作戰，保衛漢朝的疆土，因為受到衛青、霍去病這些外戚軍人的陷害，非但沒有封侯，最後還自刎而死。到今天，如果我們只談衛青和霍去病的功勳，忘掉了這位龍城飛將的貢獻，會讓人感慨歷史太勢利、太無情了。」康雅如語氣有點沈重。

「應該介紹李廣，讓學生對漢匈戰爭有全面整體的瞭解，不只限於武帝時候幾次大規模的出擊。不過，問題是我們怎樣講李廣呢？康老師能不能請您講一講您的經驗？」儲在勤問。

「我講李廣，當然是根據《史記・李將軍列傳》，但也不是整篇拿來講，沒這麼多時間。我只在其中選三段，一段是中貴人遇到匈奴射鵰者，李廣前往追殺；二是李廣與士卒共甘苦；三是與張騫一起出擊匈奴。我把這三段印成講義，發給學生。講課重點有兩個，一是李廣的戰鬥技能、勇氣和膽識；另外就是他愛護士卒，士卒樂於為他效命。我想這兩點是漢代山西軍人的特色，直到今天也是一位優秀軍人應該學習的榜樣，仍然有它的意義。不曉得我這樣講是不是可以？」

「很好啊！藉一兩個精彩動人的故事，把要表達的重點突顯出來，再說明它的意義，很好的安排啊！季先生，您認為呢？」儲在勤希望聽聽季澤群的看法。

「我也是覺得很好，很欽佩，今後要多多向康老師學習。」

「謝謝誇獎，您們太客氣了，我誠心希望您們多給點意見啊。」康雅如有點受寵若驚的感覺。

「前幾次儲老師建議我們注意到歷史學者的求學過程，特別是他們的中學階段，我想張蔭麟是一位很值得介紹的歷史學家，如果能找到一點他讀中學時的資料，也可以講給同學聽，或者印給同學看。於是，一翻就找到了，在《張蔭麟先生文集》的前面，有幾篇紀念文章，其中賀麟寫的〈我所認識的蔭麟〉中，有兩段講到他在清華中等科三年級的情形，大概等於我們現在高三學生，我覺得蠻有意思，我想請台威唸給大家聽。」

蔭麟的生活最堪回憶的是他的學生時代。他於民國十二年的秋季考入清華中等科三年級。他是一個天天進圖書館的學生。在別的同學往體育館運動，或在操場上打球的時間，他大概總仍在圖書館裡。他給我的第一個印象是：一個清瘦而如饑似渴地在圖書館裡鑽研的青年。記得有一天晚上在梁任公的中國文化史演講班上，梁任公從衣袋裡取出一封信來。在聽眾中問張蔭麟是那一位。蔭麟當即起立致敬。這時我才初次認識他。原來他寫信去質問梁任公前次演講中的某一點，梁任公在臺上當眾答覆他。他那時已在《學衡》雜誌上登過一篇文章，批評梁任公對於老子的考證。那時他還是年僅十七初進清華的新生，《學衡》的編者便以為他是清華的國學教授。那知這位在學生時代質問梁任公批評梁任公的蔭麟，後來會成為承繼梁任公學術志業的傳人。

我因為認得與蔭麟同寢室的一位同學，特地託他介紹。所以我雖然比他高三級，他在中等科，我在高等科，但他進清華不到半年，便與我時相過從了。我們共同的興趣是聽梁任公的演講。記得有一次梁任公講文史學家之修養一題，還是蔭麟和我共同作筆記，聯名發表的。但他決不願意拜訪人。直到民國十五年的夏初，我才第一次陪著他去拜謁梁任公。梁任公異常歡喜，勉勵有加，當面稱讚他「有作學者的資格。」但此後兩、三年中，他卻從未再去謁見過梁任公。他很想請梁任公寫字作紀念，也終於沒去請。所以當時許多清華同學，都得著有梁任公手書的對聯或條幅，而他竟未得隻字。他對他所最嚮往追蹤的人，形跡尚如此疏簡，則他之不理會一般人的態度，可以想見了。及至民國十八年，梁任公逝世，全國報章雜誌，紀念追悼他的文章，寂然無聞。獨有蔭麟由美國寫了一篇〈史學家的梁任公先生〉，寄給天津《大公報》文學副刊發表。這文恐怕至今仍是最能表彰梁任公的史學的文章，也最足以表現他與梁任公在學術史上的關係。

「感想如何？」季澤群問程台威。

「太不可思議了，一個十七歲的高三學生學問這麼好，好到可以和大學者討論學術問題，太不可思議了。」

「豈止不可思議，」鄒禮民說，「簡直是超人嘛，難道他一天到晚只是讀書嗎？我看連睡覺的時間都要讀書才有他的學問，簡直太super了。」

「你們不相信嗎？」儲在勤說：「賀麟寫的是一些事實，張蔭麟十七歲寫批評全國知名大學者梁任公關於老子年代考證的文章登在《學衡》雜誌，梁任公當著課堂的聽眾回答他的疑問，這些都是無法否認的事實，是不能不相信的。至於張蔭麟為什麼在高三的時候就有這麼好的學問，雖然我們不知道他的少年生活、求學經過，但在民國初年的那個時代是極有可能的，我們不可以用今天的情形去衡量過去。顧頡剛在中學讀過的書，今天大學中文系的畢業生也未必讀過，他們成長求學的環境跟今天很不一樣，我們不能懷疑這些記載是不是真的，但也不要覺得比起來我們太差勁。終究是不同的時代，不大好相提並論的。」

「另外我聽台威唸的這一段，產生兩個聯想，一是該運動的時候，最好是在體育館而不是在圖書館。過去清華的運動風氣很盛，不但注意鍛鍊體格，還強調像「運動家風度」(sportsmanship)和『團隊合作』(teamwork)這類的體育精神，很有特色，現在新竹的清華大學就差多了。張蔭麟在規定運動打球的時間還躲在圖書館讀書，是不好的，不可學的。第二，他所承繼的梁任公的學術志業是什麼？梁任公是大學者，可是在歷史學界的聲望並不是很高，一般認為任公寫的東西儘管多，卻不夠嚴謹，不具有學術價值，不能與史學二陳，陳寅恪和陳垣相比。就學術成績上來說，固然是如此，可是對社會影響上來說，就很不一樣了。任公的一枝帶有感情的健筆，不知風靡了多少人，對於開啟民智以及普及歷史知識上的貢獻，不是他人所能比的。張蔭麟肯定任公的成就，並且做為自己效法的典範，顯示他的眼光超越了學術研究的樊籬，而是朝向著史、寫史以感動人心的史學最高目標。他的這個看法，在今天尤其饒有意義。」

「好，我的題外話就講到這裡，回到主題匈奴和漢朝的戰爭。」儲在勤說。

「請問有沒有專門寫漢朝和匈奴戰爭的書或文章？」鄒禮民問。

「我想不起來，」儲在勤說：「對了，我的祕笈中可能會有。」站起來，打開書櫥門，拿出一本《中國古代軍事史三百題》，翻開目錄，說：「在這本專談古代軍事的三百題裡果然有幾篇講漢匈戰爭的，在軍事人物部分有三題，第十五，飛將軍指的是誰？他為什麼屢創奇蹟，也多遭失敗；第十六，何以稱衛青是個善於統率騎兵作戰的優秀將才；第十七，年輕統帥霍去病的用兵特點是什麼？以及在戰爭戰役部分的第二十五題，漠北決戰是在什麼情況下發生的？漢軍獲勝的原因是什麼？但是，這套書適合給老師看，老師可以從這裡面選取資料，編寫教案，不適合給學生唸，因為它是簡體字，高中學生讀簡體字似乎不大妥當，而且大多是事實的敘述，既沒有分析和推證，也沒有什麼感人的筆墨。高中生讀讀沒什麼不好，作為課外閱讀的指定讀物，恐怕就不很理想。禮民，你想看嗎？」

「我看不懂簡體字，我不要看。」

「簡體字並不難，稍為多看一點就會了，上次儲老師借我看的《讀書》就是簡體字，我讀的時候，連繫上下文意，從偏旁，讀音去猜，很容易就猜中。實在沒法猜的，或猜不對的，就問我大哥。他喜歡看傅雷翻譯的小說，全是簡體字的。」程台威說。

「我可忘了《讀書》是簡體字，記得的話，我就不借給你了。」

「我們講漢與匈奴的戰爭好像還是站在漢朝的立場，雖然不必站在匈奴立場，但總應該保持平衡才好。」季澤群說。

「文獻不足之故也，」儲在勤解釋道：「我們必須依據資料來講，沒有資料就無法講。所以，匈奴的歌謠就很重要，它反映了匈奴人戰敗的哀傷，另外還有就是漢人記載『匈奴失陰山之後，過之未嘗不哭也』，也是同樣意思。至於其他，沒有資料就沒法講了。」

「在西漢與匈奴的關係中，除了衛青、霍去病、李廣、張騫之外，還有一個人也應該講一講。」康雅如說。

「是王昭君？」季澤群問。

「是的。」

「這是女性觀點，我懂。」鄒禮民說。

「怎麼講？」儲在勤問康雅如。

「我講王昭君和番的故事，講昭君心中的委屈和遭遇的悲慘。」

「她心中有什麼委屈？」儲在勤接著問。

「王昭君不肯賄賂畫工毛延壽，毛延壽把她畫得很難看，漢元帝將她許給求親的呼韓邪單于，出發前召見看到她容貌極美，想留她下來，怕失信於匈奴，還是讓她去了。以她的容貌足可以被立為后妃，結果卻遠嫁異族，心中怎麼能平靜呢！怎麼沒有委屈呢！」

「王昭君的事見於《漢書》的很簡單，後來出現很多傳說，這些傳說能不能當歷史來看？這是一個問題。就算把它當作歷史，它的意義是什麼？這是另一個問題。」儲在勤說。

「王昭君、毛延壽的故事或許不能當作歷史看，」康雅如說，「可是，這個故事流傳很久，知道的人很多，杜甫的〈詠懷古蹟〉五首之中，『群山萬壑赴荊門』那首裡面『畫圖省識春風面』這句就是指這個故事。所以，我想學生也是應該知道的。」

「那麼，它的意義是什麼呢？」儲在勤頗有打破砂鍋的精神。

「應該是王昭君個人的悲哀怨恨卻換得了漢朝與匈奴之間的和平相處。」

「講得很好。嫁到異地，遠離家人親友，對於任何一個古代女子，都有莫大的悲哀，都是重大的犧牲。不過，由於小我的犧牲換得民族間的和平，兩個民族的人都應該感念她的。漢代和親的公主不止王昭君一人，她們對於民族間的和平相處都有貢獻，後人讀歷史的時候不應該忘掉她們，王昭君只是她們的代表而已。」儲在勤說。

「我也想到王昭君，」季澤群說：「可是我翻了呂思勉和錢穆的秦漢史，沒找到有關的資料。我們教歷史，能不能只憑一點記載，不參考學者的研究成果就大發議論呢？」

「隨便發議論是很危險的，」儲在勸說：「不過，就王昭君這件史事來說，《漢書》、《後漢書》中的記載很簡單，學者的研究又看不到的情況下就不談她的意義了嗎？我認為，要講王昭君就要講到她在歷史上的意義，就應該發一點這樣的議論。至於有沒有學者討論過，我們還可以查一查，我這裡有一本剛收到不久的工具書，是趙儷生主編的《中國通史史論辭典》，黑龍江人民出版社印的。說不定會有呢。」他在《中國歷史大百科》旁邊抽出了這本書，翻到目錄，果然看到有「昭君和番評說」一條，在第三〇二頁。他唸道：

> 昭君出塞和番，是西漢後期和親政策的具體表現，它對於認識這個時期漢政府對匈奴的策略以及在這種策略下的漢匈關係是較為重要的一個實例。史學界對昭君和番的作用，主要有兩種意見。一、恢復漢匈之間友好關係。翦伯贊認為：從武帝元光二年到元帝竟寧元年昭君出塞之年，其間整整一百年，漢與匈奴長期處於戰爭狀態之中。昭君出塞表現了漢王朝從戰爭狀態回到了和親政策的轉變，其使命是恢復中斷了一百年的漢匈間的友好關係。昭君出塞後，漢與匈奴間有五十年左右沒有戰爭，符合了漢王朝的期望。二、客觀上對鞏固和發展西漢末的和平、安定局勢及生產、文化的交流起了促進作用。張長明認為：昭君

出塞只是漢匈和平關係的繼續和發展，在客觀上對鞏固和發展西漢末年的和平、安定局勢及生產的發展、兩族文化交流的促進起了一定的積極作用。施偉青亦認為：西漢王朝與匈奴間實現友好關係的原因是多方面的。昭君出塞只是其中的一項內容。昭君出塞僅僅是鞏固和發展了早已實現的漢與匈奴之間的友好關係，為密切漢匈關係做出了很有益的貢獻。上述兩種觀點都對昭君出塞和番持肯定和同情的態度，顯然意見仍有分歧。主要的問題在於對昭君出塞前一百年間漢匈關係和政治形勢看法相背，故對這段時間漢匈關係的細緻研究，是認識昭君出塞和番意義的關鍵所在。

（翦伯贊：〈從西漢的和親政策談到昭君出塞〉，《光明日報》一九六一年二月五日；張長明：〈試論西漢的漢匈關係及和親政策〉，《江淮論壇》一九八三年六期；施偉青：〈關於西漢政府與匈奴和親的若干問題〉，《廈門大學學報》一九八五年第四期）

「明顯可以看出，大陸學者重視的是王昭君對漢匈關係的貢獻，」儲在勤說：「儘管有人認為貢獻很大，好像和平是從她開始，有人認為這一百年漢匈之間的和平相處原因很多，昭君出塞只是其中之一。其實，不管程度上的大小，王昭君個人的犧牲，以及像昭君一樣和親公主的犧牲，都是了不起的奉獻，歷史上都應該好好地寫上一筆。」

「剛剛康老師說王昭君心中委屈和遭遇悲慘，是同一件事，還是不同的兩件事？」程台威問康雅如。

「當時我想的是兩件事，為毛延壽陷害，是心中委屈，呼韓邪死，昭君想回來，漢朝皇帝不答應，她只能留下，嫁給呼韓邪的兒子，又生了兩個女兒。這對於漢族女子來說，應該是極難忍受的悲慘遭遇。」

「這種父親死後，兒子娶父親留下來的小太太，稱為收繼婚，是草原游牧民族的風俗，是游牧民的生活方式，不然，這些寡婦無人照顧是活不下去的。當時漢成帝不讓王昭君回來的理由就是要她依從匈奴的風俗。」儲在勤加以解釋。

「東漢時期的匈漢關係比較起來就不大精彩，能講的內容似乎少得多。」季澤群說。

「我也是這樣覺得，」儲在勤說：「南、北匈奴的分裂，南匈奴的入塞，只能提一下。可以講的只有竇憲的遠征。關於這次遠征，應該講三個重點，一是遠征的原因，二是軍隊的組成，三是勝利後的處置。原因課本上說北匈奴遭鮮卑、丁零攻擊，國中大亂，南匈奴上書，請漢出兵討伐，俾南、北匈奴復歸統一，永為中國的藩屬。但沒講到竇憲是因為謀殺宗室劉暢被查出，將受到審判，所以要求出擊匈奴，帶罪立功，將功贖罪。而當時大臣都是反對的，他們說北匈奴國勢已弱，不構成威脅，沒有出兵的理由；況且大軍遠征，徵調糧草，全國騷動，增加百姓負擔。可是，竇太后不聽，讓竇憲去打已經沒有還手之力的北匈奴，用意是清楚的，勝利也是必然的。我們要注意，遠征的軍隊主要是由南匈奴及羌胡兵三萬所組成，固然可說是東漢以夷制夷政策的成功，也反映了漢族武力的衰弱，與西漢那時很不相同。北匈奴被打垮，單于逃走，史書上說不知所在。那麼，原為北匈奴控有的大片地區該怎麼處理呢？大臣建議讓南匈奴出塞，統治匈奴故地，漢與南匈奴協力防範鮮卑。竇憲不聽，扶立北單于的兒子，僅有部眾幾千人。於是，匈奴的廣大土地與殘餘部眾都被鮮卑奪去，中原北方又出現了一個強敵。這是竇憲剛愎自用，犯下的一個大過錯。」

「後來入侵歐洲，迫使日耳曼人進犯西羅馬帝國，間接導致帝國滅亡的匈人，是不是就是北匈奴西遁部眾的後人？」康雅如問。

「確實有許多學者認為入侵歐洲的匈人就是北匈奴的後人。」儲在勤說：「我記得《中外關係三百題》中有一條專門談這個問題，結論是無法確定，有待進一步研究。因為北匈奴最後見於記載是公元九一年，匈人最初見於記載是公元三七四年，其間有將近三個世紀的空白，而且從種族特點、語言、祖先傳說等方面來看，都無法證明匈人就是北匈奴的後裔。好了，今天很晚了，雖然決定匈漢戰爭勝負，還有一個關鍵性的因素，那就是西域，漢朝控制西域是匈奴失敗的重要原因，我們沒時間談了，而且這個題目講了兩次，不好繼續再談。那麼，我們下次談什麼呢？」

「三國，好不好？」鄒禮民提議。

「好！」

七、三國時代的英雄人物（上）

「三國歷史從那裡講起呢？」儲在勤等大家坐定後，提出了第一個問題。

「當然是東漢末年。」季澤群看沒人回答，隨口說了。

「對的。講三國一定要從東漢末年說起，可是，我們既然在講漢末的時候已經講過黃巾的起事與董卓的燒殺，就不必重複，而是要描述一下漢末中原的大概景象。由於長期的動亂，中原地區是一片殘破，戰爭加上瘟疫，生產幾乎完全停頓就有二十年之久，人口也少了很多，史書上說十不存一，當然是誇張的說法，大約是只留下了十分之三。這真是一場大破壞，大災難啊！這時的人們過著極為悲苦的生活，而這種悲苦可以從一個人的遭遇中反映出來，她就是蔡文姬。禮民、台威，你們知道蔡文姬嗎？」

「不知道。」鄒禮民回答。

「知道一點，好像被胡人捉去，後來又回到漢朝。」程台威說。

「很好，」儲在勤說：「台威說的就是『文姬歸漢』的故事。蔡文姬的父親蔡邕是東漢末年著名的大學者，一生並不平靜，後半生尤其坎坷，文姬年幼時也憂患重重。她年長之後，被胡人擄去，在南匈奴十二年，後來雖然得歸故土，但需拋別親生的兩個孩子，這是非常悲苦、非常慘痛的事啊！」

「蔡文姬在〈悲憤詩〉裡描寫她拋別孩子的情景，真是感動得讓人落淚。」康雅如隨即背了一段：「兒前抱我頸，問母欲何之，人言母當去，豈復有還時。阿母常仁惻，今何更不慈。我尚未成人，奈何不顧思。見此崩五內，恍惚生狂癡。號泣手撫摩，當發復回疑。」

「梁任公很看重這首〈悲憤詩〉，他說只有杜甫的〈北征〉和這首詩可以稱得上史詩。」

儲在勤說：「康老師，您上課講〈悲憤詩〉嗎？」

「很少，」康雅如說：「總覺得課講不完，只能稍稍介紹一點課外的書籍。記得有一次講了文姬歸漢的故事，也在黑板上寫了一段〈悲憤詩〉，學生反應蠻好的。」

「是啊！」儲在勤說：「〈悲憤詩〉不難，只是稍嫌長了些，介紹給學生的時候，可以取其中的一段，方才康老師背誦的那段就是很可以用的。蔡文姬除了〈悲憤詩〉之外，相傳〈胡笳十八拍〉也是她作的。我想請大家聽一段女聲獨唱〈胡笳十八拍〉中的第一拍、第二拍和第十二拍，請大家對著這三拍的文字來聽聽看。」

儲在勤把一張影印的資料分給了在座的四個人，然後按下音響的放音鍵。大家一面聽，一面看著資料上的文字：

我生之初尚無為，我生之後漢祚衰。天不仁兮降亂離，地不仁兮使我逢此時。

干戈日尋兮道路危，民卒流亡兮共哀悲。烟塵蔽野兮胡虜盛，志意乖兮節義虧。

對殊俗兮非我宜，遭惡辱兮當告誰？笳一會兮琴一拍，心憤怨兮無人知。戎羯逼我兮為室家，將我行兮向天涯。雲山萬重兮歸路遐，疾風千里兮揚塵沙。人多暴猛兮如虺蛇，控弦被甲兮人驕奢。兩拍張弦兮弦欲絕，志摧心折兮自悲嗟。

東風應律兮暖氣多，知是漢家天子兮布陽和。羌胡蹈舞兮共謳歌，兩國交懽兮罷兵戈。忽遇漢使兮稱近詔，遺千金兮贖妾身。喜得生還兮逢聖君，嗟別稚子兮會無因。十有二拍兮哀樂均，去住兩情兮難俱陳。

「好聽嗎？」儲在勤還是先問鄒禮民。

「不好聽，直著嗓子尖叫，真受不了。」

「我也不欣賞，」季澤群說：「聽起來應該是大陸的音樂和唱法，發聲好像從鼻腔中出來的，總覺得假假的，不像是有真感情。」

「應該是大陸的東西，」儲在勤說：「至於是什麼時候的作品，作曲家和演唱者是什麼人，我都不知道。台威，你覺得怎麼樣？」

「我也不喜歡，大概是聽不慣的緣故吧，覺得怪怪的。」

「我倒是有點喜歡，」康雅如說：「發聲的方法可能來自傳統戲劇的唱腔，也能流露一些文姬的悲苦，特別是在『喜得生還兮逢聖君』後面的那一聲鼓，頗有震撼人心的效果。」

「康老師，您是老一輩的人了！」儲在勤說：「十幾年前，有的學生非但知道這首曲子，而且還會唱呢。這幾年就沒人知道這首女聲獨唱曲了，大概是時間已經把它淘汰了，我不相信大陸上還有人會聽它，欣賞它。可是我總認為作曲家想用現代音樂來詮釋蔡文姬悲痛的感情，這種努力還是應該予以肯定的。你們有沒有想到，我為什麼放這首曲子給大家聽？」

「因為您覺得它好聽，所以要讓我們分享。」鄒禮民先答。

「我跟康老師一樣，是有一點喜歡，可是我清楚知道年輕朋友是不會喜歡的。我要大家聽聽的主要用意，是提倡教學要多元化，要多利用媒體，手邊有什麼資料，就儘量用。不過，一定要做好準備工作。例如我的這張資料上還選錄了一些郭沫若的文章，就是可以配合這首曲子來講的。郭沫若，還記得吧！」

「記得，」鄒禮民說：「四大不要臉的第一名。」

「不錯，」儲在勤說：「但不要忘了，郭沫若也是一位傑出的史學家和文學家。他寫過一個劇本就叫《蔡文姬》，他為這個劇本寫的序文有一小段也印在這份資料裡，請台威幫我們唸唸。」

> 法國作家福樓拜，是有名的小說《波娃麗夫人》的作者，他曾經說：「波娃麗夫人就是我，——是照著我寫的。」我也可以照樣說一句：「蔡文姬就是我，——是照著我寫的。」
>
> 但我和福樓拜卻又不同。福樓拜說波娃麗夫人就是他，那是說那部小說是照著他的想像寫出的。所以他又曾經這樣說過：「《波娃麗夫人》沒有一點是真的。這完全是一個虛構的故事，其中沒有一點關於我的感情的東西，也沒有一點關於我的生活的東西。」
>
> 《蔡文姬》卻恰恰相反，它有一大半是真的。其中有不少關於我的感情的東西，也有不少關於我生活的東西。

「謝謝。」儲在勸說：「郭沫若的原配是日本人，抗戰前他在日本，也是拋妻別子回到國內參加抗戰的。所以，他非但自認為就是蔡文姬，也堅決相信〈胡笳十八拍〉的作者就是蔡文姬。我為什麼要用不少時間談蔡文姬，除了反映漢末人們的悲苦，還有一個用意就是藉她引導曹操出場，而郭沫若就剛好扮演這個荐引的角色。禮民，請你唸一下資料的第四段，也就是最後一段。」

從蔡文姬的一生可以看出曹操的業績。她是曹操把她拯救了的。事實上被曹操拯救了的不止她一個人，而她可以作為一個典型。曹操雖然是攻打黃巾起家的，但他卻受到了農民起義的影響，被迫不得不採取一些有利於生產的措施。由黃巾農民組成的青州軍，是他的武力基礎。他的屯田政策也是有了這個基礎纔能樹立的。他鋤豪強，抑兼併，濟貧弱，興屯田，費了三十多年的苦心經營，把漢末崩潰了的整個社會基本上重新秩序化了，使北部中國流離失所的農民重新回到土地上來恢復了生產勞動。自殷代以來即為中國北邊大患的匈奴，到他手裡，幾乎化為了郡縣。他還遠遠到遼東去把新起的烏桓平定了。他在文化上更在中國文學史中促成了建安文學的高潮。他之所以贖回蔡文姬，就是從文化觀點出發，並不是純粹地出於私人感情；而他之所以能夠贖回蔡文姬，也並不單純靠著金璧的收買，而是有他的文治武功作為後盾的。曹操對於民族的貢獻是應該作適度評價的，他應該是一位傑出的歷史人物。然而自宋以來，所謂「正統」觀念確定了之後，這位傑出的歷史人物卻蒙受了不白之冤。自《三國演義》

風行以後，更差不多連三歲的小孩子都把曹操當成壞人，當成一個粉臉的奸臣，實在是歷史上的一大歪曲。

一九五九年一月七日

（原載《光明日報・文學遺產》第二四五期）

「從這時開始，大陸上就為曹操掀起了一陣翻案風，」儲在勤說：「曹操的歷史地位也確實因此有了改變，基本上已獲得多數人的肯定。」

「從漢末講起，」季澤群說：「講蔡文姬，接到郭沫若，再轉到曹操，然後說曹操獲得平反，是歷史上的正面人物，這樣講歷史是不是太空洞了一點？」

「當然不是這樣講，」儲在勤解釋道：「講曹操的歷史評價是把問題提出來，我們究竟應該怎樣評價一位歷史人物？我們還是要講曹操這個人，他的事功和為人等等，而且應該從漢末大亂講起。」

「您的意思是講曹操的話，要從曹操怎樣應付這個亂局，做了那些事情開始講。」季澤群說。

「正是，曹操處理亂局的方法淵源於他對東漢末年的社會風氣的認識，他是非常不滿那種表面崇尚禮教，實際上卻已淪為虛偽欺騙的社會道德。史書上說曹操少年時代『任俠放蕩，不治行業』，就是這種態度的表現。講到這裡，我介紹一篇文章，題目就叫〈任俠放蕩的少年曹操〉，看看這位歷史人物的少年時代。」說著又拿出影印好的資料發給大家，每人兩張。

「簡體字，又是大陸人寫的。」鄒禮民立刻說出了他的感覺。

「這篇文章原來登在那裡？看起來不像《讀書》。」程台威問儲在勤。

「《文史知識》，大陸中華書局發行的普及性刊物，我們這裡的《國文天地》好像和他們有合作關係，有時會轉載《文史知識》上的文章。」

「我很少看《國文天地》，也不知道《文史知識》。」康雅如說。

儲在勤拿起這本一九九二年第二期的《文史知識》，一本薄薄的小冊子，遞給康雅如。

又問季澤群：「您知道嗎？」

「我聽說過，有人很稱贊這份刊物，我的印象中似乎比《讀書》還要好些，可是我都沒仔細唸過，不知道這樣想對不對。儲老師，您認為呢？」

「我不認為。我講過我偏愛《讀書》，我喜歡它的風格。不過，《文史知識》也不錯，很實在的一本普及刊物，從普及知識的角度來看，內容稱得上豐富充實，但也因為受限於普及的角色，似乎缺少了《讀書》那種特有的味道，那種瀟灑的風姿。我的朋友之中，不少喜歡

《文史知識》超過《讀書》，他們認為《文史知識》對實際的教學工作比較有幫助。」

「這篇文章是準備印給學生讀的資料嗎？」康雅如讀了幾行就看到一大堆引自《三國志》的古文，不免懷疑是否超出高一學生的能力。

「不是，」儲在勤說：「是給老師唸的。季先生不是主張老師要知道得多，教課的時候才能深入淺出，而我們都很同意嗎？」

「不是我的主張，」季澤群解釋道：「我覺得這個講法有道理，大家都會同意，沒人能夠反對的。」

「這麼說來，這篇文章就是讓我們帶回去看，是嗎？」康雅如再問儲在勤。

「也不是，還是要在這裡唸一段，看看文章中的主要論點是否能夠用在課堂教學，也就是說，能不能夠為高一學生所瞭解。台威，你認得簡體字，就請你從第七十七頁中間的這一段唸起。」

> 從思想文化的角度看，曹操早年的「放蕩」行為深刻地表現出他的自然、率真的人生追求，顯現出禮教的式微與敗落。我們知道，自「罷黜百家，獨尊儒術」以來，封建的倫理綱常對人們的束縛越來越嚴，克己主義的道德信條日益成為

制約人的自然性情的桎梏，它以壓抑和泯滅人的各種情感和欲望來實現封建統治的穩定和鞏固。但東漢中什以後，隨著皇權的衰落與政治的腐敗，與封建政治緊密相連的儒家倫理道德也逐漸暴露出虛偽化的面目，早先一系列嚴肅的禮法準則完全成為人們心照不宣的虛假的俗套。當時社會公認的那些所謂「禮法之士」，大多是矯情飾己的偽君子。「禮」的精神沒有了，剩下的僅有一具束縛人的僵死的框子，盛行的所謂「道德」，其實是真正的「不道德」，正如時諺所譏的那樣：「舉秀才，不知書，察孝廉，父別居。」面對這種虛偽化的頹風，那些正直而敏感的人感到極度的悲憤和痛苦。東漢末年出現了一批特立獨行之士，開始摒棄禮法的教條，自由地表現率真的天性。不過，由於他們的行為和思想是在窒息人性的禮法壓抑下通過激憤的形式表現出來的，因而顯得有些怪誕和奇特。這些名士怪誕的為人處世之道看起來荒唐輕浮，其實內心中含有極大的痛苦與悲涼，又苦於得不到理解，找不到出路，所以不得已而為之。這一點名士戴良的思想很有代表性。戴良居母喪期間，內心十分真誠，但又痛恨那些假孝子的矯飾作態，竟反其道而行之，「獨食肉飲酒」，有人嘲弄他說：「子之居喪，禮乎？」答曰：「禮所以制情佚也，情苟不佚，何禮之論！」《後漢書・戴良傳》）這就一針見血地指出了當時禮法的虛偽和僵化，表現了名士們反叛現實的清醒與自覺。從社會影響看，這批特立獨立之士的驚世駭俗的言行，有力地批判了腐朽的禮法教條，推動了社會風氣的嬗變。一時間「放蕩無度」象徵著率真與坦誠，怪異奇特則是智慧和聰睿的表現。少年曹操正生活在這樣的社會環境中，善於接受新事物的年齡與崇尚新奇的天性，使他深受這一風氣熏染，從而在生活中加以模仿和表現。

「謝謝，有一個字沒唸對。東漢中葉，不是東漢中什。口字旁加一個十字，是樹葉的葉的簡寫，這是一個很古老的簡體字。」儲在勤說。

「看起來簡體字也不太難。」鄒禮民說。

「是啊，內容看得懂嗎？」儲在勤問。

「似懂非懂，就是在懂與不懂之間。」鄒禮民很正經地回答。

「台威呢？」

「大致能懂，可是他的寫法也有點怪，不是很習慣。」

「我也有這種感覺，」季澤群說：「左一句『封建政治』，右一句『封建禮法』，都是一些固定的、僵硬的唯物史觀的用詞，我們非但不能習慣，而且不能同意。我覺得這些論點不能用於課堂教學。」

「我贊成季先生的看法，」儲在勤說：「作者把漢代提倡儒術解釋為對人性的束縛和桎梏，為的是穩定和鞏固朝廷的統治權力。又說東漢中期以後政治腐敗，儒家道德就開始出現虛偽的面目，這兩個說法都過於簡單，而且不合史實，很不妥當。東漢末年，社會上瀰漫著一股虛假的風氣卻是事實，它與漢代的儒學有著怎樣的關係，應該在『漢代經學』那一節中交待。所以，這兩個論點是不適合在課堂上講的。」

「我想到另外一個更大的問題，」康雅如說：「漢末虛偽欺騙的風氣是來自儒家嗎？我們都知道東漢光武帝提倡儒學，表彰氣節，明、章二帝繼續推行，形成有名的『明章之治』。此後的朝廷也都提倡，名儒輩出，儒學很盛，影響所及到了末年出現了許多與宦官抗爭的名士，就是顧亭林一再稱美的東漢風俗。這樣說來，漢末的偽假風氣應該不是來自儒家。」

「這實在是個大問題，」儲在勤說：「我們沒法細談。我只想提出兩點，第一、漢光武和漢明帝治理天下，大概是以法術為主，范曄說：明帝善刑理，法令分明。章帝時大臣常說當前承二帝吏化之後，應採取寬緩的措施。王船山卻認為，東漢之衰，從章帝開始。我講這些，不是要討論這個問題，而是說顧亭林的看法不一定妥當。第二、東漢一代儒學很盛，漢末名士的作風必然受到儒學的影響。至於名士的表現有那些特點，恐怕不只是有顧亭林所稱美的漢末東京風俗，而是還有些別的，其中就包含虛偽的風氣。我覺得關於這件事，范文瀾講得不錯，似乎值得唸上一段。」

儲在勤打開書櫥，找出《中國通史簡編》第二編，翻到第一四六頁，遞給鄒禮民，請他唸。

> 當時名士可分為三類：第一類是求名不求官的名士。他們不就官府的徵召，每拒絕徵召一次，他們的聲望和社會地位也就提高一次。他們認為「天子不得臣，諸侯不得友」，雖然不做官，他們的社會地位實際上抵得一個大官。這一類人數很少，郭泰是著名的代表。第二類是言行剛勁疾惡如仇的名士。他們依據儒家的道德標準，實行了孔子「見善如不及，見不善如探湯」的格言，認為善的人，互相推薦標榜，自然結合成一類，認為惡的人，不分輕重，一概深惡痛疾，只想殺逐他們。這是宦官政治激發起來的一種憤怒反抗。他們的行動是勇敢的，但絲毫也不能削弱宦官勢力。這一類名士，是統治階級中的鯁直派，也是抱有正義感、對人民有同情心的人。他們人數不多，在士人中卻起倡導作用。范滂

是著名的代表。第三類是迎合風氣的名士。這一類人數最多，是第二類名士得勢時的附合者，也是典型官僚的候補者。例如張儉激昂地毀滅宦官侯覽的家園，名聞天下。後來靈帝殺黨人，張儉逃難，連累了許多隱藏他的人。張儉為要保存自己生命，讓成千的人破家滅族來替死。黨禍解除後，張儉回家過著富裕生活，活到八十四歲，再也不敢說一句反對宦官的話。又如黃允，不就官府徵召。大官們想見他，黃允自稱養病，不見賓客。大官們派遣親信人早晚到門上問候病情，也拒絕不見。黃允被認為清高士，聲名極大。司徒袁隗是一個典型的大官僚，慕黃允大名，要把姪女嫁給他。黃允聽說，託故逐走妻夏侯氏。夏侯氏大會親族，當眾宣布黃允隱惡事十五條，不過十天，黃允逃出洛陽，不再是名士了。黃允只是名士中不幸被揭露的一個，幸而不被揭露的名士，當然多得很。太學名士極大部分就是張儉、黃允一類的名士。

「范文瀾說得很清楚，」康雅如說：「也把當時複雜的情形作了很好的描述。但是，我必須要抱歉的是，又是我把話題岔開了，至少是停留在東漢末年的問題上，這樣下去，少年曹操就一直長不大了。」

「康老師，您不必抱歉。」季澤群說：「我看是儲老師有意藉這個機會介紹范文瀾的《中國通史簡編》，少年曹操或許還得等一會才能進入壯年時期呢。」

儲在勤哈哈地笑了起來，說道：「不見得，不見得。我要禮民讀范文瀾的《簡編》完全是聽了康老師意見之後的臨時起意，不是有心安排。不過，我的心意還是被季先生猜到了，我現在確實還想讓曹操停留在少年階段，我想再花一點時間介紹《文史知識》。」說著就在桌上拿起了另一本，翻開第一頁，說：

「最近這幾年《文史知識》的固定欄目有：『治學之道』、『詩文欣賞』、『文化史知識』、『人物春秋』和『文史雜談』等。我們的少年曹操就屬於『人物春秋』，這一欄每期二篇或三篇，一般來說，文章都有點嫌硬，不夠生動活潑，人物事蹟交待太多，精神風采刻畫不足。但是，每期的人物中，總有我們不認識，不熟悉的，讀了之後，好像交了新朋友，開闊了眼界，增廣了見聞，很有好處。『治學之道』有的是介紹大學者如何治學，有的則是學有專精人士的夫子自道。我們如果在這欄目中下點功夫，應該可以選出一些指導高中生如何學習文史的資料。就是『詩文欣賞』也有精彩的好文章，記得讀過一篇繆鉞寫的，分析一首陶淵明給殷景仁的詩，寫得真好，印象極深。固定欄目之外，從一九九一年起的『中國古代史學批評縱橫』，以及接續它的『中國史學發展概說』，兩個連載專題都是有關中國傳統史學的闡述，都很精采，作者瞿林東，是目前大陸治中國史學史最有成就的學者。」

「好了，我們的野馬跑得太遠了，趕緊回到東漢末年曹操身上。我們花了很多時間講曹操的時代，這是認識曹操的重要關鍵，就是在課堂裡也要把它講清楚，惟有理解曹操對時代的態度，才能說明他何以會採取崇法務實的措施，也可以把他和袁紹的作風，就是那種重視虛名假譽，不求實際功效的態度，形成明顯的對比。簡單說來，袁紹是舊時代的殘餘分子，曹操則代表著新時代的萌芽。曹操與袁紹的優劣以及最後的勝負應該從這個角度加以說明。」

「曹操和袁紹對於時局看法不同，作風也不同，應該和他們的出身不同有關。」季澤群補充說道。

「當然，袁紹家世顯赫，四世三公，袁家門生故吏遍天下，袁紹承襲父祖餘蔭，作風態度也就難以擺脫上層社會長久以來的積習。曹操不同，他的父親曹嵩是大宦官曹騰的養子，憑這個身世就知道他們來自社會的下層，世家大族是不會送子弟給宦官當養子的。所以，曹操對於漢末世家大族為主的風氣是採取批判態度的。但是，請注意，態度不一定完全淵源於出身，像是曹操身旁的一大群謀士，大都是出身世家大族，他們起先為袁紹延攬，但他們覺得袁紹的作風不可能成事，就投奔曹營，成為曹操打敗袁紹，統有中原的主要助手。我們應該強調的是，他們對於收拾亂局的看法，就是強調崇法務實的手段，是和曹操一致的。」儲在勤端起茶杯，喝了一口。

「您是指荀彧、郭嘉他們。」康雅如問。

「是的，荀彧是一個很漂亮的人物，他的侄子荀攸，極其聰明，是曹操的軍師，都值得講。可是，在有限的時間裡，提到太多的人名和事情，頭緒多了就會亂，恐怕還是不提為宜。」

「我贊成不提個別的人名和事跡以節省時間。」季澤群說，「但是，這群人做的事情還是要講的，不然歷史就嫌空洞。至少屯田就是他們策畫的，課本提到屯田，史書上說曹操轉戰各方，糧食不虞匱乏，就是收到屯田的效果。」

「屯田是必須講的，」儲在勤說：「如何講呢？我有一個建議，就是要開啟學生的想像力，要學生去想像一片殘破的中原地區，僅存的人們在流離道路，無以為生的情況下，聽到有一個可以讓他們安定下來，耕田過活的地方，他們一定趨之若鶩的。至於如何安頓這些農民呢？從設計、規畫到管理、監督都是十分繁重的工作，都需要一批有能力才幹的人來做，曹操屯田的成功就是說明有著這麼一些人在幫他做事。從另一方面來看，不再顛沛流離而有安定生活，也得付出一些代價，那就是世世代代為曹家當兵，所以，屯田客都屬於軍事組織，管理屯田的官員，儘管文士出身，也都是武職。蔡文姬回來之後再嫁給董祀，董祀的官職是屯田都尉，就是一個例子。」

「講完屯田，就該講官渡之戰了吧！」季澤群說。

「當然，」儲在勤點了點頭，說：「官渡之戰怎麼講呢？戰爭經過雖然講起來生動有趣，卻不一定能夠說明為什麼一方勝利，另一方失敗的道理。特別是影響重大的戰爭，幾乎在戰前都已可見到明顯的徵兆，勝利的一方有它致勝的條件和因素，這才是我們在講課時應該強調的地方。所以，講官渡之戰可以不講戰爭的經過，不講曹操如何燒掉袁紹的糧草，卻一定要把曹、袁雙方的情況做一個對比，呈現出何以實力較弱的曹操打敗力量比他大得多的袁紹的道理。關於曹、袁之間的對比，我們可以看《三國志・荀彧傳》裡荀彧對曹操所作的分析，或者看《資治通鑑》，司馬光沒選陳壽寫的，而是採用了裴松之註裡郭嘉對曹操講的話，內容是一樣的，但分析更為細密，內容更加豐富。在《通鑑》裡，司馬光把荀彧和郭嘉的名字都寫上，算是他們共同對曹操的分析。我們很可以拿來讀讀，既對當時情形有所瞭解，也可以摘出要點講給學生聽。」

「我贊成儲老師的論點，講戰爭要講出勝負的道理，可是不贊成去讀《三國志》，或者《資治通鑑》。」季澤群停了一下，問：「你們知不知道曾經有一個刊物，叫《國中生》的？」

大家都搖搖頭。

「《國中生》是十幾年前的刊物，一共出了十八期，雖然不是很好，卻看得出來是很認真很用心地編寫一些課外閱讀資料給國中生讀的。我在國中教書的時候翻過，也採取其中的一些做為講課的內容，只是那時候沒有印文章給學生讀的觀念，並沒介紹給他們看。我記得在第一卷裡有一篇〈官渡之戰前的軍事會議〉，是採用穿過時光隧道去看過去事情的寫法，對袁紹和曹操的性格與處事方法都有所刻畫，很可以看出袁紹表面很寬和，內心卻十分忌刻，不能認清當時的情勢，只聽得進吹捧阿諛的話，他的嚴重缺點使他無可避免地走上失敗之路。曹操則相反，表面很輕率沒有威儀，可是軍紀嚴明，又能聽從屬下的建議，缺點很少，所以能夠轉弱為強，打敗袁紹，統有中原。」

「講得很好啊！」康雅如說：「那天去找來讀讀。」

「這樣的刊物沒能辦下去，很可惜呀！」儲在勤說：「不是我喜歡介紹大陸的工具書和普及讀物，實在是我們很少啊！季先生，您們要挑起這個擔子，辦一份比大陸好的普及性刊物！」

時間過得很快，又到了該散會的時刻了。

八、三國時代的英雄人物（下）

大家幾乎同時來到了儲家門口，一起走進書房，還是依各人的老習慣，坐在原來的位子上。

「最近看了什麼好書？」

沒想到今晚的座談一開始，儲老師竟然提出這樣一個問題，難道不談三國人物了嗎？

「我最近看了一本很精彩的好書，可是跟三國人物沒什麼關係，可以提出來嗎？」康雅如顯然有點疑惑。

「為什麼不可以？」儲在勤說：「談一本最近讀過的好書，好文章，當做開場白，不是很好嗎？我們教課的時候，是不是走上講臺，打開課本立刻就講正課呢？還是先談點有興趣的，或者有關的話題，先吸引住學生的注意力，培養起他們聽講的情緒，再進入正題呢？我想，一個好的老師應該會考慮到一堂課剛剛開始的時候，如何處理最有效果這樣的問題，許多教學法的書上也談到開始時要導入課程，也有專講導入課的章節。不過，我覺得，導入部分應該可以自由發揮，不一定非要連繫課程內容，卻一定要讓學生感到有趣，或者對他們有益。講些俏皮的笑話，固然有吸引學生的效果，可總是不對的，不好的，不應該的。康老師，您說的精彩好書，是那一本？我真是迫不及待要聽您的介紹了。」

「《文化苦旅》，作者是余秋雨，爾雅出版社印的。」

「哦，是這一本。」儲在勤的表情，似乎是有點失望。「是一本精彩的好書，我也很喜歡。國文老師、歷史老師都應該介紹這本書給學生。深厚的歷史感和漂亮的文字，真是難得一見的有深度的通俗讀物。我希望儘快能夠讀到另一本和它一樣的好書。您說它跟三國人物無關，確實是的，好像只在三峽的地方，提到一點點劉備和諸葛亮，絕對不是全書的精彩所在。」

「可是，那一小段也多少能夠反映余秋雨的特色，借您的話講，就是深厚的歷史感和漂亮的文字。」康雅如說。

「這樣說來，似乎值得唸一段了！」儲在勤有點興奮，立刻把《文化苦旅》從書櫥中抽出，翻到第六十九頁，遞給康雅如。

> 順長江而下，三峽的起點是白帝城。這個頭開得真漂亮。
>
> 對稍有文化的中國人來說，知道三峽也大多以白帝城開頭的。李白那首名詩，在小學課本裡就能讀到。
>
> 我讀此詩不到十歲，上來第一句就誤解。「朝辭白帝彩雲間」，「白帝」當然是一個人，李白一大清早與他告別。這位帝王著一身縞白的銀袍，高高地站立在

山石之上。他既然穿著白衣，年齡就不會很大，高個，瘦削，神情憂鬱而安詳，清晨的寒風舞弄著他的飄飄衣帶，絢麗的朝霞燒紅了天際，與他的銀袍互相輝映，讓人滿眼都是光色流蕩。他沒有隨從和侍衛，獨個兒起了一個大早，詩人遠行的小船即將解纜，他還在握住手細細叮嚀。他的聲音也像純銀一般，在這寂靜的山河間飄蕩迴響。但他的話語很難聽得清楚，好像來自另一個世界。他就住在山頭的小城裡，管轄著這裡的叢山和碧江。

多少年後，我早已知道童年的誤解是多麼可笑，但當我真的坐船經過白帝城的時候，依然虔誠地抬著頭，尋找著銀袍與彩霞。船上的廣播員正在吟朗著這首詩，口氣激動地介紹了幾句，又放出《白帝託孤》的樂曲。猛地，山水、歷史、童年的幻想、生命的潛藏，全都湧成一團，把人震傻。

《白帝託孤》是京劇，說的是戰敗的劉備退到白帝城鬱悶而死，把兒子和政事全都託付給諸葛亮。抑揚有致的聲腔飄浮在迴旋的江面上，撞在濕漉漉的山岩間，悲憤而蒼涼。純銀般的聲音找不到了，一時也忘卻了李白的輕捷與瀟灑。

我想，白帝城本來就熔鑄著兩種聲音、兩番神貌：李白與劉備，詩情與戰火，豪邁與沉鬱，對自然美的朝覲與對山河主宰權的爭逐。它高高地矗立在群山之上，它腳下，是為這兩個主題日夜爭辯著的滔滔江流。

「確實寫得好，」儲在勤說：「文筆之外，主要是會想，想得深遠細緻，而且從小就有豐富的想像力。我覺得不管是想像還是分析，這些能力每一個人都有，老師的職責之一，就是把學生的這些能力開展出來。」

「三峽這篇流露的歷史感不如都江堰，我比較喜歡都江堰那篇。」康雅如說。

「我最喜歡〈寂寞天柱山〉和〈風雨天一閣〉兩篇。啊，不好了，座談變成對話了，真對不起。」儲在勤轉過頭來，問季澤群：「您讀過這本《文化苦旅》嗎？」

「我讀過，也喜歡，但是不想談它，」季澤群冷冷地說，表情有點酷。「康老師喜歡都江堰，儲老師喜歡天一閣，如果我再加上什麼夜航船的話，那真是有得談呢。談完內容，再談作者余秋雨，他是搞戲劇的，再談戲劇，這樣漫談下去，不知道什麼時候才收得回來。就像教課，談點有趣的，有益的課外話題，吸引學生注意，開拓學生眼界，當然是好事，可是正課還是要講的，課內和課外總該有個主副重輕的區別，講太多課外知識，雖然可以對某些學生很有啟發，但對於這門課程的教學品質卻不一定能夠有所提高。」

「對不起，把話題岔開的又是我。」康雅如覺得她不該提《文化苦旅》。

「不要這樣說，」儲在勤對康雅如說：「討論問題，就應該像季老師這樣，把自己的想法講出來。他不贊成談過多的課外知識，教課時課內課外的內容要有主副重輕的區別，這都是很好的意見，我都贊成。如果季老師說，課外話最好不提，《文化苦旅》是一本散文，只能由國文老師介紹，那我就不贊成，就要跟他辯論。談點《文化苦旅》做個引子，是今天晚上的一個漂亮開頭，我們還得感謝您呢。但是，如果毫無節制地談下去，把主題都給遺忘，那的確是不好的。所以，我們應該同意季老師的意見，扣緊主題，談三國人物。今天晚上，還得從曹操談起，談什麼呢？禮民、台威，你們提個建議。」

「赤壁之戰。嗯，不對，應該說是赤壁之戰曹操為什麼失敗？」鄒禮民說。

「不錯，禮民懂得多想一下，很有進步。」儲在勤笑著誇獎他，接著說：「赤壁之戰曹操為什麼失敗，確實是一個應該解答的問題。」

「課本上是說北方將士不習水戰，長途遠征補給困難，還有就是水土不服，染上疾病。」季澤群說。

「是嗎？即使如此，曹操究竟犯了什麼錯誤，使他兵敗赤壁？」儲在勤問。

「決策錯誤，他不應該出師南進。」季澤群答。

「為什麼？」

季澤群很清楚他不能夠把課本上的敘述再講一遍，那麼，為什麼不該南進只能從當時情勢上找理由。

「我想，曹操勢力發展得很快，雖然統有中原，內部並不安定，還有一些問題，這時出兵應該是不妥當的。」

「有道理，」儲在勤說：「當時周瑜就看到了這一點，他說，如果北方安定，曹操無內顧之憂，然後再出兵，慢慢打持久戰，南方不是對手。現在北方不安，曹操倉卒出兵，又值寒冬，北人不利於水戰，想一戰而勝，必然不是南方的對手。問題是周瑜能夠看到的情勢，曹操看不到嗎？曹操率軍南下，這時劉表已死，他很快占有荊州，他的謀士賈詡勸他停止用兵，改採安撫百姓，修養生息的策略，等到荊州百姓完全順服，江東就會歸順。曹操完全聽不進去。賈詡看到的情勢，曹操為什麼看不到？我們應該怎樣解釋？」

「大概是曹操太驕傲了，」康雅如說：「我記得《資治通鑑》裡有一篇〈臣光曰〉說過一個人接連勝利就會驕傲，驕傲的人看不清情勢必然失敗，這個道理或許可以用來解釋曹操在赤壁的失敗。」

「我覺得這是一個很好的解釋，驕者必敗，這個道理是顛撲不破的。」儲在勤說。

「如果曹操控有荊州，按兵不動，不再東進，歷史就要改寫了。」季澤群說。

「只怕這『如果』二字不大好講吧！」儲在勤不同意季澤群的說法。

「我想到另一個問題，」程台威看大家都不說話，就借機提問：「曹操為什麼不當皇帝？」

「當時就有人認為曹操有『不遜之志』，他還為此寫了一篇文章，就是在《三國志》裴松之註裡的那篇有名的〈讓縣自明本志令〉加以澄清，簡單地說，篡位是不會的，權力也是不讓的。這篇文章是瞭解曹操的重要資料，不過在教高中學生的時候，就用不上了。」儲在勤停了一下，接著說：「曹操不當皇帝，主要是反對力量太大，當時還有不少忠於漢室的人，荀彧就是一位。也因為這個緣故，曹操對漢獻帝相當苛刻，在他手掌中的漢朝天子完全得仰他鼻息，漢室復興自是日漸無望，到他兒子曹丕之時，也就順理成章篡漢自立了。談到這裡，必然碰上對曹操的評價問題。漢末中原大亂，他收拾亂局，重建社會秩序，固然是有益於民生的大功績，而他的忌刻與好殺卻不能不說是相當嚴重的缺點。可是，他與漢室的關係才是後人抨擊他的要點，說他不扶持漢室，下開六百年弒篡相承的局面，使中國歷史陷入一段中衰時期，他必須負責。這樣，曹操就被認為是一個反面人物，這也是長久以來視曹操為奸臣、為壞人的主要理由。」

「我記得錢穆就是這樣說的。」康雅如說，「好像在《史學導言》裡講的。」

「您能不能簡單講一下錢先生這樣說的主要理由？」季澤群問。

「我記不得。」

「我這裡有《史學導言》，」儲在勤站起來，找了一會，說：「在這兒。」順手遞給康雅如。

康雅如翻了兩下，就找到了評價曹操的那段議論，她請程台威唸：

> 曹操司馬懿都是中國歷史上的大奸雄，換句話說，他們是歷史上的反面人物。單就各人論，操與懿各有才能，各有成就。魏晉兩朝，即由操懿兩人開業。但何以說他們是歷史上反面人物呢？因為他們不能領導歷史向前，卻使歷史倒轉向後，違背了歷史的大趨向。他們既不能領導歷史，又不能追隨歷史，跟在歷史趨向後面追上去，而要來違犯歷史的大趨向。歷史是一種人生創造，亦是一種人生表現，怎的又說違反歷史呢？這因歷史自有一條大路，人人都該由此路向前。能指點領導此路的，始是歷史上的正面人物。孫中山先生說，他領導國民革命四十年，在求中國之自由平等，此乃是指導中國近代史的一條大路，亦即是中國近代史此下一大潮流大趨勢。袁世凱則只為個人，不為國家民族，違逆了此一趨向，所以他也只成為中國歷史上一反面人物。

> 若通觀中國全部歷史，中國人的歷史大趨向，早在曹操以前就決定了。至少遠自周公、孔子以來，我們中國歷史的大趨勢，可說已經走上了一條路。一條大路，有一段已走過，有一段還未走。我們生在這歷史過程中，卻不該走錯路。曹操、司馬懿是中國歷史上第一等大人物，但路走錯了。為何會走錯路，簡單一句話，他們各具一個私心，為己不為人，為家不為國。不論一切事，先論一個心。此番道理極簡單，但極重大。
>
> 讀歷史，定要懂得人物賢奸，這是中國人一向極端重視的一番極重要的大道理，也可說是中國人在人文學上的一番大發明。決不是只要不犯法，便是賢，不是奸。也不是信受了一項宗教，便是賢，不是奸。又不是有本領能做事，便是賢，不是奸。本領愈大，事業愈大，如曹操、司馬懿，更是一大奸。批評歷史人物，自有一標準。所以我們要學中國的史學，便不得不懂中國人的義理之學，那是比史學更大的學問。

「這段話當然不適合高中生閱讀，但可以用在老師講解為什麼在傳統觀念裡曹操是一個反面人物，一個壞人。」儲在勤又說：「簡單地講，傳統的歷史觀念強調人們有一個共同奔赴的目標或理想，有地位有影響的人物，他的作為表現有助於人們的前進，就是正面人物；反之，就是反面人物。曹操的作為明顯是背離這個理想的，當然是反面人物。何以如此呢？曹操是極有能力才華的人，可是他為己不為人，為家不為國，所作所為全是一個私心的流露，留下極壞的影響，必須予以嚴厲的批評。至於人們的理想是什麼，為什麼要如此重視義利公私之辨，則不是史學本身的問題，而是與史學密切有關的義理之學。我們在講曹操的時候，不妨把這種批評的理由讓學生知道。」

「好像上公民與道德課，」鄒禮民說：「很八股嘛！」

「我覺得不無道理，」康雅如說：「上次讀郭沫若寫的那一小段講曹操的文字，總覺得不大對，我想他就是沒考慮到曹操留下來的壞影響。」

「這樣講曹操恐怕不大公平，」季澤群顯然不大同意傳統的批評。「曹操持身廉潔，從不貪圖生活享受，中原人民在他的努力下，恢復了安定的生活，說他為己不為人，不大妥當吧！況且，不從一個歷史人物的實際作為，卻從他的心理動機去評論他為公為私，判定他是好是壞，這種評價歷史人物的方法，我也是不大能接受的。」

「講得很好，」儲在勤說：「這裡沒有標準答案。多知道些不同的看法，多想一想，選出自己真正相信的，講給學生聽就很好。只要發自真誠，必有動人的力量。我們談諸葛亮吧！」

「有講少年諸葛亮的文章嗎？」鄒禮民問。

「沒有，或者應該說我沒見到。不過，在《三國志》的裴註裡談到一點諸葛亮年輕時讀書只是瞭解大意，不是很用功，他不覺得需要讀得爛熟。還說那幾位很用功的朋友將來可做地方長官，他自己可是要做管仲、樂毅那樣事業的。」

「讀書不必很用功，我最贊成。」鄒禮民沒想到諸葛亮也是一個不很用功的學生，大樂。

「這個故事很有名，」儲在勤覺得鄒禮民有點誤會，說：「所以，裴註的原文我還記得，大概是『觀其大略』和『務於精熟』的比較，這幾個字該如何解釋？總不能簡化為不用功和很用功吧！」

「『觀其大略』除了指瞭解大意，還有深入思考，把握精義的意思。」季澤群說：「『務於精熟』就是死讀書，不求甚解，一味死背。」

「我覺得『觀其大略』和『務於精熟』之間有個很大的不同，就是才情。」康雅如說：「聰明才智高，讀書可以觀其大略，資質平庸的人，還是務於精熟為好。」

「兩位老師講得都好，」儲在勤問程台威：「你讀書是那種態度？」

「務於精熟，多讀多想，下死工夫。」

「我不是，」鄒禮民一臉正經說：「我是觀其大略，儲老師說我一點即通，很有進步，可見才智不低，不需下死工夫。」

大家都笑了起來。

「博學之、審問之、慎思之、明辨之、篤行之。這是讀書求學的正途，不分智愚，一體通用。」儲在勤好像在下結語。

「三顧茅廬和隆中對在國中階段一定會講，高中可以不講。」季澤群說：「舊版國中課本在正文後面的註釋裡還介紹了隆中對，講課時相當方便，也能給學生一個清楚的概念。改成新版以後，這段刪掉了，反而增添了老師教課時的困擾。另外印資料太麻煩，寫在黑板太費時，只用口頭講一下，學生聽過就忘，沒有複習，留不下印象。新版教科書開本大了，字體大了，可是內容卻少了，需要老師補充講解的地方很多，不然只從字面上看，意思相當模糊。我想，教育當局大概認為讀歷史就是背一些史實，為了減輕學生課業負擔，所以刪減教科書的內容。但是，他們沒想到，刪減之後的課本，往往語意不清，老師講課吃力不說，學生負擔反而加重。教育當局的這種做法真是讓人不敢恭維。」

「這是長期以來輕視教學，不重視教材的編寫和教法研究的必然結果。」儲在勤的表情也有點凝重。

「儲老師您前次說過應該談談教科書的問題，我們什麼時候就以它為主題來談談，好嗎？」季澤群問。

「好呀！我們第一次座談，提到要談教科書。不過，我是把問題放在教科書與歷史教學有著怎樣的關係上，而不是批評檢討現行的課本。」

「那太好了，」康雅如說：「寒假好嗎？南部一位老同學，寒假要回娘家，就是回這裡，她一定對這個題目有興趣，我們有時在電話中談起教課的情形，她對教科書是很有一點看法的。她認為……」

「好！」儲在勤打斷了她的話，說：「留到寒假再談。我們的諸葛亮已經出山了，而且在赤壁大敗那個驕傲的曹操，下面他要做些什麼事呢？康老師，剛剛對不起，我是怕劉備在諸葛亮的茅廬裡待得太久，關羽和張飛在外面等得心急呢。」

「那裡，是我不該把話扯遠。」

「怎樣治理四川，應該是講諸葛亮的一個重點。」季澤群說：「課本上有一小節標題是『諸葛亮的北伐』，說他在蜀的一切作為都是為了復興漢室。這種講法是否妥當？」

「沒什麼不妥，」儲在勤說：「蜀地力量去中原太遠，復興漢室的可能性實在不高，諸葛亮不可能不瞭解，但他認為這是一個應該追求的理想，就努力以赴，這種心志很了不起，讓人深深感動。但是，他之能夠屢次北伐，展現出一種精神和實力，主要來自他治理四川很有成效。所以，我贊成季先生所說，他怎樣治理四川，應該是講課時的一個重點。課文上說講諸葛亮『開誠心、布公道，厲行法治，整飭綱紀』，沒錯，確是如此，這比『獎勵農桑，息民練兵』重要得多，可是，我們怎麼講呢？總不能要學生一而再、再而三的背開誠心、布公道，開誠心、布公道；也不能像講國文一樣，說開誠心就是以誠待人，事事公開，布公道就是做事情很公正，大家都有一個依循的法則。這樣講是不好的，因為老師講的東西只是概念，相當抽象，學生既不容易體會，也難以留下印象。那麼，怎麼講比較好呢？」

「講他所做的一些事，就是講史實。」季澤群說。

「怎麼講法？是不是說諸葛亮開誠心、布公道，舉例說明；厲行法治，整飭綱紀，再舉例說明？這種講法好嗎？」儲在勤接著問。

「不很好，」季澤群說：「這樣講課好像在替課文作註解。」

「同學們的意見呢？老師這樣講課，你們喜歡嗎？」儲在勤再問兩位高中生。

「這不是重點，」鄒禮民說：「喜歡不喜歡要看故事有趣不有趣，噢，應該說精彩不精彩。如果故事本身很棒，很好聽，我就喜歡。」

「禮民講得也對，也不對。」季澤群說：「在許多史事中挑選最精彩、最生動的在課堂講，這是對的；但是，我們剛剛在討論這樣的故事要怎樣安排，放在課文後面作註解或例證是不是好方法，禮民沒注意到，就直接批評說不是重點，這就不對了。」

「禮民，你聽懂季老師的話嗎？」儲在勤問。

「聽懂了。」

「我覺得應該按照時間次序講，」程台威說：「諸葛亮進入四川先做什麼，再做什麼，挑一兩個精彩的故事講，也許比較好些。」

「很好，」儲在勤說：「我們進入了另一個問題，諸葛亮到了四川先做什麼？」

「這要看當時的情況如何，那些是他面對的，必須處理的。」康雅如說。

「是呀！諸葛亮進入四川遇到怎樣的情況，他如何處理，這是我們要談的問題。教學上的每一個重點，就是所謂的具體教學目標都可以化為一個問題，老師在講課時，實際就是在解答這個問題。課堂講述不一定要把問題提出，但在心中一定要有。老師在備課的時候也要這樣來構想，來設計。諸葛亮在剛到四川的時候，當時的情況如何？〈出師表〉裡不是講到『劉璋闇弱』嗎？所謂闇弱就是政刑不修，綱紀不立，地方豪強橫暴，欺侮小民。諸葛亮的作法就是制定法令，嚴格執行，對於任何犯法的人都不寬貸。當時代表蜀地地方勢力進入劉備政權的法正就不贊成諸葛亮的辦法，他引用劉邦進入關中與民約法三章，就是殺人償命，傷人及偷盜抵罪為例，強調作風寬厚仁慈才能取得新征服地區的民心，勸諸葛亮改變作風。

諸葛亮不同意，回信給法正，開頭就說『君知其一，未知其二。』接著說關中人民因秦法嚴苛，歡迎劉邦的寬緩；蜀地剛好相反，劉璋政刑鬆弛紊亂，豪強專橫，正需要建立起人人遵守的法令規章，才能保障人民的生活。這個故事可以說明諸葛亮入蜀之初面對的情況以及採取的策略。另外，這個故事也可以看出諸葛亮很懂得把歷史上的事例用於現實事務不能硬搬硬套，而是要瞭解事情的道理，再把道理用於事務的處理上。就這一點來看，法正大為不如。可是，現在有些人喜歡藉歷史事例來解釋現實的某些事，卻往往是法正式的，而不是諸葛亮式的，那樣的解釋當然是不妥當的，也可以說是對歷史的誤用。」

「諸葛亮執法相當公平，」康雅如說：「馬謖是諸葛亮很器重的人，但因為違背軍令，失去街亭，雖然為他求情的人很多，諸葛亮還是將他斬首，這就是平劇裡失街亭、空城計和斬馬謖的故事。講這些故事，學生是喜歡聽的。」

「講歷史和講故事還是有所不同，」儲在勤說：「講歷史要有所本，不能違逆史實，像空城計，是好的小說和戲劇的題材，卻沒有事實的依據，《三國志》裴松之註已經有很清楚的說明。空城計不是不能講，但要講清楚那是小說，不是歷史。至於斬馬謖，則要講到馬謖與諸葛亮的關係以及孔明揮淚斬馬謖就是為了執法的公平。法律之前一律平等，這是諸葛亮重法、用法，十分公正，使百姓們又害怕又喜歡，所以能夠取得良好治績的重要因素。」

「那麼，開誠心，布公道，要怎麼講呢？」季澤群問。

「我覺得從博採眾議和丁寧周至兩方面講，或許是一個好辦法。先說諸葛亮很重視屬下的意見，他認為治理國家必須聽取多方面的意見，深入瞭解社會基層的情況，這樣考慮問題就比較周全，所做的決策才不至離譜。也因為有這樣的認識，他要求屬下要直言不諱，有意見儘量表達。他一方面鼓勵官員直言，敢於講話；一方面又在文件中把自己的決定和考慮寫得很詳細讓臣屬瞭解。有一個故事，他手下有一位官員，叫董和，為了處理一件事情，不同意諸葛亮的決定，竟和他反覆爭論達十次之多，諸葛亮很贊賞董和的做事態度，要所有官員向董和學習。後來的人談諸葛亮，有的認為他每件事都要過問，而且都弄得很清楚，不是一個宰相應該有的作風；有的則認為諸葛亮的僚屬程度不高，能力不強，這是因為蜀地偏遠，文化較低，不能和中原的情況相提並論，諸葛亮只有事必躬親，鞠躬盡瘁，雖然極其勞苦，卻也取得很好的治績。蜀地人民對他十分愛戴，聽到他的死訊，紛紛要為他立祠，並不因為他連年北伐，勞師動眾，對他有所抱怨，這是特別令人欽佩的地方。我覺得，後一種講法值得我們體會一下，也可以講給學生聽。」

「聽儲老師這樣講諸葛亮，我不由得想起杜甫寫的那首〈蜀相〉。」康雅如說。

「丞相祠堂何處尋？」儲在勤問鄒禮民、程台威：「你們會背這首詩嗎？」

兩人都搖搖頭，說：「不會。」

「平常也該讀點《唐詩三百首》，」儲在勤說：「不能只讀國文課本裡的那幾首啊！杜甫很崇拜諸葛亮，寫了好幾首追懷他的詩，都很好。」

「儲老師，您知道有一本書名叫《古典今看——從孔明到潘金蓮》的書嗎？」季澤群問。

「不知道，作者是誰？」

「王溢嘉。」

「康老師，您知道王溢嘉嗎？」季澤群問康雅如。

「知道的，王溢嘉是一位醫生，經常在報刊雜志上寫文章，而且很多是談人文方面的問題。季老師講的這本書，我也看過，記得其中有一篇講諸葛亮，分辨文學上孔明和歷史上孔明的不同，還說歷史上的孔明是一位執法很嚴的法家，我就記得這些。」

「講得蠻好的呀！」儲在勤說：「要趕快去找來讀讀。」

「王溢嘉這篇文章的題目叫〈從草堂春睡到漢賊不兩立——試析孔明心態與諸葛亮人格〉，把諸葛亮分成文化的孔明與歷史的孔明兩型，這個分辨作得不錯。關於文化的孔明跟我們談論的歷史無關，暫且不說。至於歷史的孔明，王溢嘉認為在正史裡，劉備沒有儒家色彩，孔明也少有道家思想，歷史上的孔明是一個賞罰嚴正，循名責實的法家之徒，是一位有著戒慎、甚至拘謹性格的人物。作者講到了諸葛亮很重要的一面，但如果只限於這一面，遺漏了諸葛亮追求理想的心志以及個人欲望的淡泊，終究是把諸葛亮看得太小了。況且，作者並沒有闡釋諸葛亮為什麼要用法，重法，卻認定他是法家的信仰者與實踐者，甚至說似乎是法的迷戀者，我覺得斷語下得太快。作者對諸葛亮所處的情境欠缺『同情的瞭解』，是這篇文章不大能夠讓人滿意的地方。」季澤群說。

「『同情的瞭解』，是指身歷其境似的，設身處地似的瞭解，」儲在勤說：「這是學習歷史、研究歷史時很重要的一個步驟，不專攻歷史的人是不容易體會得到的。」

「這篇文章值得讀嗎？」程台威問。

「雖然我沒讀過，我卻認為你們很可以讀一讀，讀的時候必須知道它的長處與缺點，這就需要老師的指引。剛剛季老師的分析很有好處，聽了老師的評介再去看，可以學到一點分析的態度和方法，收穫會更多。」

「您覺得講諸葛亮的通俗讀物之中，有沒有很精彩的？」康雅如問儲在勤。

「沒有很特別的印象，我手邊有兩本，一本是章映閣寫的，一本是陳舜臣寫的。章映閣的這本我大致翻過，規規矩矩、踏踏實實、平平穩穩，沒什麼缺點也沒什麼精彩。看看當然好，可以對於諸葛亮其人其事其時都有些瞭解，只恐怕引不起什麼大興趣。陳舜臣的那本只看了一兩頁，等於沒看，陳舜臣的書在日本很暢銷，讀者很多，應該有點道理，只是在前兩頁沒感覺出來。講到普及讀物，我最近買了一本專寫魏晉時代的小書，書名叫《治亂嬗替》，內容是各自獨立的小篇文章，看過幾篇，印象平平，不論題目、寫法與文字都不見精彩。例如提到諸葛亮的有兩篇，一篇是〈馬謖之死〉，說馬謖是諸葛亮整肅軍紀的犧牲品，把諸葛亮講得更『小』了。另一篇是〈諸葛亮故宅之謎〉，追究諸葛亮的茅廬究竟在今天何地，真是小之又小的問題。不過，也有寫得不錯的，像〈呂蒙的成才〉這篇，就很可以一讀。」儲在勸說著就從手邊拿起一本書，打開夾有紙條的地方，交給鄒禮民，請他唸畫好框框裡的文字。

少年時期的呂蒙以性格暴烈、勇猛善戰聞名於東吳。還是十五、六歲時，他便私自夾在當將軍的姐夫軍中，上了戰場。姐夫「顧見大驚，呵叱不能禁止」。後因軍中職吏說他「彼豎子何能為？此欲以肉餒虎耳」，呂蒙就「大怒，引刀殺吏」。呂蒙還與甘寧發生口角，「大怒，擊鼓會兵，欲就船攻寧。」嚇得母親光著腳跑出家，拚命地向他哀求才了事。每遇戰鬥，他身先士卒，奮勇開道。如征伐黃祖，敵將陳就「逆以水軍出戰。蒙勒前鋒，親梟就首，將士乘勝，進攻其城」。這時呂蒙的行為舉止，不過一介武夫而已。

然而成年之後，他經過刻苦努力的學習，眼界大開，智慧猛增。其為人處世、統兵打仗的風格都和前期判若兩人，甚至還能著眼全局，為孫權施行大政方針出謀劃策。

呂蒙在魯肅死後，接替他的職務，守陸口與關羽為鄰。呂蒙改變魯肅的方針，努力尋找機會奪取荊州。時關羽北攻曹魏，但仍留重兵守衛大本營。呂蒙為麻痺關羽，聲言去建康治病，騙得關羽將守兵抽調到北方前線。然後呂蒙將戰船冒充商船、戰士扮成商人，白衣渡江，出其不意地奪得江陵和公安。呂蒙又優待關羽部下的家屬，誘使對方將士紛紛降吳，終於使關羽敗走麥城，落個身首異處的下場。東吳沒花費太大的力氣，就輕取到了荊州。呂蒙的功績顯然蓋過了魯肅。

但呂蒙的成才又離不開孫權的培養和教育。

孫權首先指出作為國家官吏，為了能夠勝任本職工作，更好地統兵治民，就必須要補充知識，認真讀書。當呂蒙把軍務繁忙作為沒有時間讀書的理由時，孫權則以自己舉例進行駁斥，反問道：「你們再忙，難道能超過我嗎？」他現身說法，講解自己通過讀書所得到的好處，並肯定他們「意性朗悟」，天資條件不錯，「學必得之」，給他們打氣，鼓勵他們學習的信心。孫權還為他們制定了現實可行的學習要求：不要他們成為經學博士、而是要他們在學習中，博覽群書，鑒古知今，增長才幹。他又舉古人漢光武帝，今人曹操為例，說明即使戎馬倥傯也能忙裏偷閒進行學習。孫權為呂蒙們指定的必讀書主要是兵書和史書，這是根據他們職務的性質和學習要求精心安排的。

正是由於孫權的這番話說得合情入理，學習要求和內容適合呂蒙的實際情況，所以呂蒙們一旦認真執行，便能發揮立竿見影之效了。

「這個故事很精彩，很有勉勵青年讀書求知的勵志作用，」康雅如接著說：「除此之外，也提到了孫權和關羽，也可以讓讀者對這兩位人物有所瞭解。」

「這裡寫的，只是孫權的長處和關羽的短處，」季澤群說：「好像不能就憑這一件事對兩位人物有全面的瞭解。請問儲老師，這本書的作者是誰？」

「曹文杜，書中沒作任何介紹，從主編的話中知道屬於大陸近幾年文史學界成績蜚然的中青年學者。書中有一篇談到關羽的生前與死後，指出民間神化的關公和歷史記載的關羽有著很大的差異，可以一看。三國人物眾多，實在沒時間細談。今天的時間也晚了，大家該回去休息了吧！」

「下次談什麼呢？」鄒禮民問。

「西晉，好嗎？」儲在勤答。

「好！」大家異口同聲地說。

九、西晉的歷史圖像（上）

「西晉是一個怎樣的時代？」儲在勤先提出了這個大問題。

「動亂的時代，前有八王之亂，後有永嘉之亂。」康雅如說。

「西晉人物之中，我們對那些人印象最深？」儲在勤又問。

「晉惠帝，歷史上少有的白癡皇帝，何不食肉糜的故事，大家都知道。還有就是他的皇后賈南風，也是歷史上少有的慓悍凶狠的女人，他倆夫婦給人印象最深。」季澤群停了一下，接著說：「我們總不能說西晉時代由於皇帝是白癡，皇后太凶暴，所以釀致許多動亂，沒多久就亡國了。而且，時代和人物的特點屬於總結性的話語，應該在講完了這個時代的重大事件之後再來做成論斷比較適宜些。儲老師，您一開始就問這兩個問題，是不是有什麼特別的用意？」

儲在勤笑了起來，說：「季先生真厲害。我確實是有點想法，自己覺得不大成熟，想先提出來向大家請教，問這兩個問題就是看能不能引導到我的想法上面去。我在想，我們在講課的時候能不能把某一時期的歷史講成一幅像手卷一樣的圖畫，在這幅像「清明上河圖」那樣逐漸展開的圖畫裡面，呈現出來的，不只是這個時期的大事，更重要的是這個時期特有的情況和氣氛。氣氛的渲染自然與人物的表現有關，也就是說，通過重要人物的描述，特別是對人物性格和神采的把握，去理解他們的所作所為，把這個時代最具特點，與其他時代很不相同的地方，勾勒描繪出來。這樣講歷史的好處，是每一個時代都活潑鮮明，而又各不相同，課本裡的人名和事件都能活現起來，留給學生深刻印象。老師要能做到這一點，在自己的腦中必須先有一幅時代的圖景，不管它的內容複雜或簡單，一定要把時代的特色呈現出來。我不知道這樣講是否清楚。」

「我可以瞭解，」季澤群說：「可是，還是覺得虛玄了一些。把歷史講成一種圖像，要學生從圖像中理解歷史的要點，中間的過程恐怕是蠻複雜的，也許需要一些心理學的知識來說明。」

「如果歷史是展開的圖畫，那我們去看漫畫就好了，如果有動畫就更好了。」鄒禮民覺得教科書用漫畫方式編寫的話，那他一定喜歡讀歷史。

「不是這樣，」季澤群說：「歷史漫畫最大的缺點就是展現不出時代的氣氛，它只能講故事。另外，好的歷史漫畫固然可以給讀者一些關於古人生活的正確知識，像住的房子、穿的衣服、坐的車子等等，但也會限制住讀者的想像力，反而不如從文字中可以理解到更豐富更充實的歷史知識。看歷史漫畫可以引起興趣，知道一些人物和故事，但也僅止於此。高中學生應該多讀文字敘述的歷史書才對。」

「季先生講得很對，禮民可不能只看漫畫啊！我同意季先生所說，如何建構起學生心中的歷史圖景，是一個複雜的問題，至少需要心理學知識的幫助才行。我剛剛問西晉的時代特色和重要人物，如果只答動亂不已和白癡皇帝凶皇后，顯然不能勾勒出西晉這幅歷史圖像。當然，你們可以說，整幅西晉的歷史圖像太複雜了，不是一兩句話所能概括。可是，如果說只要呈現出特色，把時代特有的氣氛描繪出來也不能太複雜。譬如說，講起西晉，就想到世家大族以及他們的浮華放蕩的生活，是不是更能把握住時代的特色？」

「儲老師的想法很有啟發性，」康雅如說：「我們能不能請儲老師帶領我們一起來勾勒描繪西晉時代的歷史圖像？」

「大家一起來，大家一起來。」儲在勤說：「西晉第一位出現在畫面上的人物應該是誰？」

「晉武帝司馬炎。」四個人幾乎同時講出。

「他是一個怎樣的人？」

「好色之徒，」康雅如說：「他的後宮有一萬人之多，他乘坐羊車在宮中亂逛，宮人為了招引他，在地上灑了鹽水，門上插著竹枝。想起來就噁心。」

「這是他平吳之後，接收了吳主孫皓後宮佳麗，才變成這副德行，」儲在勤說：「原來不是如此荒淫，反而頗有點頭腦，他有沒有做過重要的大事？」

「有，平吳，統一天下。」康雅如答。

「好，平吳，統一天下既然是一件大事，我們怎麼來描繪它？」儲在勤又問。

「課本上提到羊祜和陸抗的對峙，這段要講嗎？」季澤群似乎在自問自答：「既然課本上提到他倆的名字，就該把他倆的特點勾勒出來，講一個小故事應該是最好的辦法。他們兩人好像敵意不深，而且還互相往來。兩人都是前線統帥，真不怕有通敵之嫌。這個故事不大容易處理。」

「我贊成講這個故事，」儲在勤說：「我們先查書，看看書上是怎樣講的。」說著打開書櫥，找出《晉書》，翻到第三十四卷，唸道：

祜與陸抗相對，使命交通，抗稱祜之德量，雖樂毅、諸葛孔明不能過也。抗嘗病，祜饋之藥，抗服之無疑心。人多諫抗，抗曰：「羊祜豈酖人者！」時談以為華元、子反復見於今日。抗每告其戍曰：「彼專為德，我專為暴，是不戰而自服也。各保分界而已，無求細利。」孫皓聞二境交和，以詰抗曰，抗曰：「一邑一鄉，不可以無信義，況大國乎！臣不如此，正是彰其德，於祜無傷也。」

「這段文字出於《晉書》，自然大講羊祜的好話，在《三國志》裡也提到陸抗贈送羊祜酒，羊祜飲之不疑。這是中國歷史上的一段佳人佳話，重點在晉吳二境安好，是由於羊祜與陸抗兩人互相敬重，因為他們都是有能力，有修養，有風采的傑出人物。如果講不到這裡，不能帶領學生追懷遙想一番，還是不講為好，徒然記得兩個名字沒什麼意義。」

「這個故事可以不講，羊祜建議出兵平吳，好像比較重要，應該要講。」季澤群說。

「我同意，」儲在勤問：「怎麼講？」

「找出史書記載中，羊祜建議的具體內容，作簡要的說明。」

「康老師，您贊成嗎？」

「當然。」

「羊祜的建議伐吳，主要理由有二，一是江東無險可守，二是吳主孫皓暴虐，吳人痛苦。辦法則是水陸俱下，水軍從四川沿江東下，陸軍則由中原直指建康，一定可以獲勝。羊祜認為，吳主凶暴，天下的人都知吳國必亡，一旦孫皓死亡或被推翻，吳國另立賢主，情勢必然大為不同。天下不統一，人民的勞役兵役負擔不能減輕，終究不能享有太平。可是，羊祜的建議並未被採納。」

「可見晉武帝很昏庸。」程台威說。

「不是，晉武帝倒是支持，朝中有勢力的大臣反對。」儲在勤說：「一直到羊祜派在四川造船的王濬上疏朝廷，說船造好已有七年，逐漸朽壞；他也年過七十，不能再等。晉武帝才決定伐吳。」

「大臣為什麼要反對呢？」程台威感到不解。

「這些大臣也知道吳國不是中原對手，但南征的計謀由別人提出，別人執行，將來統一的大功為別人取得，會影響到他們在朝廷的權勢，所以就反對出兵。晉武帝力排眾議，命令杜預和王濬伐吳，可見並不昏庸。」

「進兵的情形是不是就像建議出兵的大臣所說的那樣？」鄒禮民比較關心打仗的事。

「比羊祜的推測還要順利，王濬水軍沿江而下幾乎沒遇到什麼對手就攻進了建康城。有詩為證，劉禹錫〈西塞山懷古〉前半闋：王濬摟船下益州，金陵王氣黯然收。千尋鐵鎖沉江底，一片降幡出石頭。吳人知道晉人在上流造船，於是鑄造鐵鏈鎖住長江，還在江底安置一些長鐵錐，但都擋不住王濬的大軍，孫皓只有投降，吳國亡。」

「七十老將建此大功，一定是得意非凡，喜不自勝。」康雅如作了一些聯想。

「非也，非也。」儲在勤說：「王濬非但沒有大功，還差點受罰，理由是不受節度，擅自攻入建康，劫取吳宮寶物。王濬知道得很清楚，他受到冤屈主要是『孤根獨立，朝無黨援，結恨強宗，取怨豪族』，所以飽受打擊。還是晉武帝一再維護，才沒有琅璫下獄。王濬自然心有不甘，一再上書爭辯，也有些大臣認為王濬功重報輕，也幫他講話，王濬才得到還算可以的安排。」

「真是氣人，這些有勢力的大臣真可惡。」鄒禮民發表他的感想。

「是呀！平吳這件事充分反映了西晉朝廷世族把持政權，刑賞不公，綱紀紊亂的情形，也暴露出世族政治的嚴重缺陷，可以說是西晉歷史的一項重要的特色。」儲在勤說。

「我從來沒想到平吳這件事要這樣講。」康雅如有點感到意外。

「您是把劉禹錫的詩抄在黑板上，講講詩裡的故事，王濬如何燒斷鐵鎖等等，學生也蠻喜歡聽的。是嗎？」季澤群問。

「是啊！」

「儲老師的講法也許深了一點，可是我覺得比較好。」季澤群說。

「禮民生氣了，表示他懂了，可見不算太深，應該在高中生理解的限度之內。」儲在勤笑著說。

「下一幅圖應該是八王之亂了吧，因為西晉初年的封建和八王之亂緊密有關。」季澤群說。

「為什麼？為什麼八王之亂和西晉初年的封建緊密有關？」儲在勤問。

季澤群和康雅如都愣了一下，覺得儲老師連這都不知道，簡直不可思議。

「我說說看，」季澤群已經感到好像有個陷阱正等著他，講得有點保留。「是不是西晉初年司馬氏看到曹魏享國很短，主要是缺乏宗室的屏蔽，所以大封宗室為王，諸王可以任命官員，擁有軍隊，大國有兵五千，中國三千，小國一千五。於是諸侯王在各有軍隊的情況下介入朝廷政爭，前後涉入的共有八人，延續了十六年的時間，就是八王之亂。所以，西晉初年的封建是因，八王之亂是果。當然，歷史上的因果關係也只是一個合理的推斷而已。」

「好的，」儲在勤問：「我舉兩個記載明確的歷史事實，請您解釋。第一，八王之亂，諸侯王舉兵動輒十萬，如果大國有兵五千，那另外九萬五千從何而來？第二，當時許多諸侯王留戀京師，不願去封國，大臣紛紛上疏要朝廷儘快讓這些宗室赴任。為什麼？」

「我不知道，」季澤群說：「我讀的書有限，特別是一些典籍，像正史和通鑑，尤其生疏，是不能和儲老師平起平坐談問題。儲老師既然舉出史書的記載來問，我想康老師可能也沒法回答，只有請儲老師您自己回答了。」

「我痴長幾歲，多吃了幾碗飯，也應該多讀幾本書。回想年輕時像季先生您的年齡，讀的書比您少得多，有一個原因，是書沒現在多。書多表示學術文化的進步，也是社會的進步。好，您既然說對正史、通鑑之類不熟，那麼，如果您要講西晉這段歷史，您會找那本書來備課？」

「王仲犖的《魏晉南北朝史》，這本書雖然夾雜一些大陸的唯物史觀語句，內容確實比較豐富，觀點也比較新穎。呂思勉的《兩晉南北朝史》太繁雜，看不下去；勞榦《魏晉南北朝史》太簡單，沒什麼用。」

「我很同意您，您記得王仲犖是怎麼講八王之亂的嗎？」

「不記得了，」季澤群有一種往下掉的感覺。

儲在勤從書櫥中抽出王仲犖的《魏晉南北朝史》，翻到第二一六頁，請程台威唸。

> 一般人認為八王之亂是因晉初武帝封建同姓諸王所致，這是不全面的。其實晉初的同姓諸王，雖都擁有軍隊，分潤租調，但他們在封地上，並沒有治民的實權，所謂「法同郡縣，無成國之制」（《晉書・劉頌傳》）。而其召禍之速，主要是西晉承東漢末年以來州、郡積重之勢，而使諸王出專方面重鎮所致。如武帝末年，用秦王柬（司馬炎子）都督關中，楚王瑋都督荊州，淮南王允（司馬炎子）都督江、揚二州，汝南王亮出鎮許昌。惠帝即位，用梁王彤（司馬懿子）、趙王倫、河間王顒等先後鎮關中，成都王穎鎮鄴。趙王倫擅政，用齊王冏鎮許

昌。出鎮的親王，既握軍符，復綜民事，州郡本已列置佐官，將軍開府以後，復添設許多幕僚，他們的文武僚屬，自然縱橫捭闔，各求富貴，一切割據稱雄與舉兵向闕的事情，也均由此而起。所以八王致亂，不是在於司馬炎大封同姓諸王，而是在於司馬氏任諸王以方面重鎮之故。

「謝謝台威。最後的一句話最重要，八王之亂不是起於晉武帝分封諸王，而是起於比晉武帝還要早些時候，司馬氏奪得曹魏政權，派宗室子弟鎮守屯駐大軍的地方。王仲犖提到的關中（長安）、荊州、許昌、鄴，都是曹魏時期控有一方的軍事重鎮，晉初出鎮這些地方的諸侯王，無不手握強兵，進而干預朝政，自然釀致動亂。關於這個問題，談得最仔細深刻的，要推唐長孺，他的〈西晉分封與宗王出鎮〉登在《魏晉南北朝史論拾遺》這本文集中。王仲犖就是採取他的論斷。我們以前談過，學者寫的論文，論點被公認有水準的普及性或通論性書籍所採用，就表示得到學術界的認可，他的說法已不只是一家之言，是可以在教課時介紹給學生知道的。」

「能不能介紹一下王仲犖和唐長孺？」康雅如問儲在勤。

「不能，因為我對他們二人知道有限，我覺得唐長孺的成就在王仲犖之上，我讀過唐長孺的《魏晉南北朝史論叢》、《魏晉南北朝史論叢續編》和《魏晉南北朝史論拾遺》，相當佩服他論證的嚴謹和細密。唐長孺是現代研究魏晉南北朝史最有成就的學者之一。王仲犖已經過世，唐長孺好像在武漢大學，聽說身體不太好。季先生，您讀過唐長孺的文章吧！」

「讀過兩本，論文集的正編和續編。讀他的文章很有收穫，另外，周一良關於魏晉南北朝史的論文也很棒。」

「是啊！〈乞活考〉、〈領民酋長與六州都督〉、〈北朝的民族問題與民族政策〉都是好文章。前幾年，周一良出了一本《魏晉南北朝史札記》，顯示功力深厚，是一本很好的書。講起周一良，就不能不提他的老師，在中國中古歷史研究上有重要貢獻的大學者。」

「是誰？」鄒禮民問：「我們聽說過嗎？需要知道嗎？」

「陳寅恪，」季澤群說：「你們大概沒聽說過，你不需要知道，台威需要知道。」

「那是因為我不會學歷史，台威可能會學歷史。」

「陳寅恪，怎麼寫？」程台威要季澤群寫給他看，「沒聽說過。如果需要知道的話，怎麼才能知道呢？譬如說，讀書才能知道他。那麼，先要讀那一本書？」

「汪榮祖寫的《史家陳寅恪傳》可以先看。」季澤群說。

「整本書對高一學生來說還是負擔太重了。」儲在勤說：「余英時有一本講陳寅恪的小書，專談他的詩文考證問題，前面講到他學術成就的基礎，好像叫四條柱子的，是對這位近代史學大師最概括的介紹，但似乎還是深了。」

「如果只選汪榮祖書中講陳寅恪家世和少年時代的篇章給學生唸，也許可以。我們不是主張多給學生一點關於大學者少年時代求學讀書的資訊嗎？」季澤群說。

「陳寅恪的家世與少年讀書的環境比較獨特，現在的年輕學生讀來恐怕少有共鳴。」儲在勤說。

「陳寅恪寫過八王之亂的文章嗎？」康雅如覺得這次是季澤群把話題岔開，她不好明講，只說：「如果沒寫過，我們是不是再回到八王之亂？如果八王之亂的問題已經談完，就該談下一個問題了。」

「雖然沒有用八王之亂作標題的文章，」季澤群想了一下說：「在一篇叫〈天師道與濱海地域之關係〉的文章中講到趙王倫，是和八王之亂有關，當然這個問題深了一點，在課堂上不必講，可是老師卻應該知道。」

「季先生對陳寅恪的東西讀的很熟啊！」儲在勤又在打圓場：「康老師講的有道理，我們趕快回到八王之亂。我覺得八王之亂的問題還沒完，就是八王之亂形成的原因也不能說談完了。一般書中都說亂事起於晉初封建，唐長孺說不是封建而是宗王出鎮。這些都是從制度面來談。一場大動亂的起因，除了制度，還有什麼因素也必須考慮？禮民、台威，你們想一想。」

「我想不起來，」鄒禮民說：「八王之亂是怎麼回事，你們好像都沒講，我怎麼會知道有什麼其他因素呢？」擺出一副無奈的樣子。

「應該知道的啊！國中課本有的啊！禮民，你怎麼忘了呢？」程台威說。

「考完就忘了，記那麼多腦袋會爆炸。」

「這就有點意思了，」儲在勤笑著說：「這就是歷史知識沒有轉成歷史圖像的後果，考完就忘掉。好，再回到剛剛的問題，一場大動亂的爆發，除了制度因素，還有什麼因素？」

「人的因素。」程台威答。

「很好。人的因素必須考慮，講八王之亂的時候，也應該考慮到八王是怎樣的人，不能只說當時皇帝是白癡，皇后凶暴，八王是怎樣的人也該說說吧！《晉書》把這八個諸侯王擺在同一列傳，前頭講了一大段話，說封建是一個制度，曾經發揮很好的功效，至於這個制度是否有益於時，就要看受封諸侯王的表現。八王之中，除了長沙王乂，其他七王各方面的表現都很差，這是八王致亂的一個原因。我覺得傳統史學的這個論點還是很不錯，很值得介紹的。在講課的時候，不必一個一個提出來，舉一兩個例子以概其餘就行了。譬如：成都王穎，史書說他『貌美而神昏，不知書』，顯然智商不高又不用功。趙王倫一樣『素庸下，無智策，無學，不知書』，完全受制於小吏出身，貪贓枉法的孫秀，事事聽命於他。至於趙王倫為什麼會聽命孫秀？那是由於方才季老師所說天師道的關係。八王本身素質太差，應該是動亂延續十六年，造成中原殘破，胡羌起事的重要因素。」

「八王之亂的經過，要不要講？」康雅如問。

「我覺得不要講，太亂了，誰記得起來？強記下來，考過就忘，沒有必要。」儲在勤說。

「對嘛！」鄒禮民輕聲地說。

「但是，對於八王之亂不能夠一點印象都沒有。」

「儲老師的意思是要老師把八王之亂勾勒出一個圖像留在學生的腦子裡，是嗎？」康雅如問。

「是的，一個八王之亂的圖像。如果從惠帝開始，楊駿、賈后再加上八個王，逐一亮相卻又面貌模糊地長期拼殺，然後說經過這一陣斫殺，中央和地方都是一片混亂，精兵銳卒也在內鬥中耗盡，胡人起事也就無法抵擋。這樣講的話，聽起來似乎有道理，可是，圖像上卻不清楚，尤其是沒能把西晉特有的情況呈現出來。我認為，應該從兩方面講，亂事前後有十六年之久，雖然不是天天打仗，反而有些時候政治還不錯，但總的來看，卻是朝政日趨紊亂，政府的效率愈來愈差。不過，請注意，朝廷的官員基本上並沒有變，都是通過九品官人法上來的世族子弟，不論是那個王當政，朝廷的官員還是那一批人。聞雞起舞的劉琨，姊姊嫁給趙王倫的兒子，他受到趙王倫重用，成都王穎等人起兵討伐趙王倫時，劉琨是趙王倫這邊軍隊的主帥，趙王倫失敗被殺，劉琨卻沒什麼事，依舊在朝廷中作官，就是一個例子。」

「您的意思是，講八王之亂的時候也要勾勒出當時朝廷的情形？」康雅如問。

「是的。主要是世族子弟在朝廷的表現。」

「前面已經說過，世族把持政權，刑賞不公，綱紀紊亂，是西晉世族政治的缺陷，也是西晉歷史的特色。」季澤群說：「這幾句話是從平吳之後王濬爭功的事情裡歸納出來的，如果講世族子弟在朝廷的表現，也要講一些實例。我的問題是，許多能夠反映世族政治的事情，並不限於這十六年，而是從西晉開國起就已經出現，放在八王之亂裡面講，是不是適合？還是講完八王之亂，再立一個重點，專講世族政治？」

「另立重點，集中講述，也是好辦法。」儲在勤說：「這裡牽涉到一個歷史上因果解釋的問題，西晉末年，胡人起事，中原大亂。導致亂事的主因是八王之亂，還是世族的腐朽？我們能不能這樣說，八王之亂和世族腐朽是互為表裏的，是分不開的。儘管如此，兩者還是有其主從之別，如果說八王之亂致使世族腐朽，從時間上看就不對，反過來說，腐朽的世族使得八王之亂延續了十六年卻不是沒有理由。所以，像現在用的課本，對於世族的腐朽情形一點都沒寫，就會給人一個印象，認為八王之亂，八個諸侯王干預政爭，長期爭鬥攻殺是西晉末年中原大亂的主要原因。我覺得，這並不妥當，因為西晉歷史的特色沒有展現，歷史的圖像也不夠清楚。我的想法是，講八王之亂，可以不提八個王的姓名和亂政的前後，卻一定要對當時的朝廷稍加描述。或者在講完八王之亂，立刻就講朝廷裡面世族的表現。」

「您的意思是世族在朝廷的表現是西晉歷史的特色，是必須講解的重點？」康雅如問。

「是的。」

「世族在朝廷的表現就是雖居高位，卻不理政事，整天過著奢侈、放蕩的生活。可以這麼說嗎？」康雅如問。

「可以。」

「我在教課的時候，講到西晉，我都舉王愷和石崇鬥富的故事來講當時的世族生活，反應不錯。」康雅如說。

「您講的內容，是從那一本書選取？《世說新語》嗎？」季澤群問。

「當然不是，我沒那麼大的學問。有一本書叫《中國史常識》，您總知道吧，我是從這本書中選出來的。」說著打開手提包，拿出了一本《中國史常識》，遞給季澤群。

「我當然知道，我也從它裡面選些材料來講。」

「那個什麼故事，書裡怎麼寫的？」鄒禮民問。

「請你唸給程台威聽，好嗎？」季澤群把書交給鄒禮民。

王愷，東海郯郡（今山東郯城縣）人，晉武帝的舅父，是當時有數的豪富之家。石崇，渤海南皮（今河北南皮縣）人，也是：「財產豐積」的巨富。他的平時生活是「絲竹盡當時之選，庖膳窮水陸之珍」。甚至連他家廁所，都有衣著華麗的女婢端香持服，為入廁的達官貴人擦洗更衣。

王愷、石崇二人互相爭豪比富，變著花樣想炫耀自己，壓倒對方。王愷家做完飯以後，用麥糖洗鍋；石崇家做飯就用白蠟當柴燒。王愷用綠色的綾裹著紫色的絲布，做成步障四十里；石崇就用織錦花緞，做出更華麗的步障有五十里長。當時人評論王愷還是不如石崇，王愷很不服氣。晉武帝也每每助舅舅王愷一把力，想幫他勝過石崇，曾把一株珍貴的珊瑚樹賜給王愷。這株珊瑚，高二尺許，枝條扶疏多姿，是世所罕比的寶物。王愷得意地拿來向石崇炫耀。誰知石崇看了一眼，隨手拿起一把鐵如意，噹啷一聲打中，這株珊瑚應手而碎。王愷不但惋惜心疼，還認為石崇這是比不過他而心生妒意，便厲聲責怪石崇。石崇大模大樣地回答：「犯不上這麼惱火嘛！看我馬上還你！」隨即令僕人把家裏的珊瑚樹取來一大批，讓王愷任選。其中，三、四尺高的有六、七株，株株條幹絕俗，光彩耀目。像王愷那株二尺左右的，就更多了。這一來，王愷恍然自失，只好甘拜下風。

石崇、王愷這般豪族地主，不僅揮霍財富如糞土，而且輕視人命如兒戲。王愷請客吃飯，必要女伎吹笛伴酒。吹笛人稍有忘韻之處，王愷聽到後，就要讓人把女伎拉到臺階下打殺。而王愷顏色不變，照常飲酒，跟沒事一樣。石崇的殘暴也不下於王愷。石崇每次宴客，規定要美女伴從勸飲，客人有飲酒不盡的，要把那個美女殺掉。有的客人故意要看他殺人取樂，幾次勸酒不飲，石崇就不惜連殺三人。可見其生活之一斑。

「奢侈浪費就算了，還要殺人，真是太過份了，太可惡了。」鄒禮民唸完之後，還憤憤不平。

「儲老師，您覺得這些故事可以在課堂上講嗎？」康雅如問。

「當然可以，課本文字基本上只是一個架子，需要增補史實豐富它的內容。這本《中國史常識》很可以發揮這方面的功用。對了，你們知道這部書是什麼人編寫的嗎？」

「從文字上看，例如『豪族地主階層』這樣詞語，應該也是大陸學者寫的。我最初讀它時，就覺得不論是用語、觀念、甚至選題，都有濃厚的唯物史觀觀點，我想它很可能是大陸的書，此地書局以繁體字重排出版。」季澤群說。

「我也這樣相信。大約是在一九五〇年代，吳晗編過一套書，一共是七小本，好像叫《中國歷史基本知識》之類的名字，寫法是用一篇小文章來回答一個問題。這樣的普及讀物大陸編過很多，最有名的應該是《十萬個為什麼》。我們現在讀的《中國史常識》已經不是吳晗編的那套，而是繼承過去的做法，增添新的內容，重新編寫過的，今天我們看到像是《中國歷史三百題》、《中外關係三百題》、《古代藝術三百題》等等，就是它的進一步發展。由於是大陸的書，唯物史觀的觀點無法免去，我們是否相信，完全可以由自己判定。記得好多年前，到臺南參加歷史新教材研討會，大家講到課外補充資料很難找，很少有適合的，我就提到這本書，也說其中含有大陸學者的觀點，我們需要分辨得出來，介紹給學生看的時候，也要說明清楚。有一位教育廳的官員，好像是督學，聽了之後，大不以為然，立刻發言，說絕對不可以介紹大陸的書給學生讀，因為裡面必然含有毒素。在他眼中任何一點點唯物史觀的觀點都是會散播的，很可怕的毒素。他大聲疾呼，一定要全面禁止。我當時也沒跟他爭，只是心裡想，讀一點唯物史觀就會中毒，我們學生的免疫力未免太差了吧。我覺得為了政治上莫名其妙的理由，禁止知識的吸收與傳播是最愚蠢的事。」

「我知道很多老師都買了這部書，介紹給學生看的卻不多，或者說極少，甚至沒有。」康雅如說。

「可以試試看，」儲在勤說：「挑選一些，印成講義，作為課外補充讀物，應該是可以一試的。」

「西晉世族生活，只講鬥富就夠了嗎？」季澤群提出這個問題的用意是把話題再收回來。

「應該是不夠的，」儲在勤說：「我們知道，鬥富是西晉高級世族的玩法。門第較低的世族，財力有限，無法與人鬥富比闊，也有他們的玩法，就是放蕩，做出一些驚世駭俗的怪異行為。譬如把酒倒在大盆裡，與一群豬共飲；或者不穿衣服，別人問起，他還說什麼天地是屋宇、房舍是衣褲，你們怎麼跑到我的褲子裡來之類的話。總之，這些人都是朝廷的大小官員，除了一天到晚胡鬧鬼混，幾乎什麼事都不做。我們必須瞭解，他們不做事，也是有原因的。因為勇於任事就要對事情的成敗負責，萬一失敗，影響所及是整個家族，不只是一人而已。阮籍年少時也想有一番作為，但看到有抱負有志節的人大都遭到不幸，也只得不問世事，捉住機會就喝酒，喝醉就痛哭。西晉世族裡這類故事挺多的，限於上課時間，沒法多講。時間實在不夠，只講鬥富的故事，作為例證，也是未嘗不可。」

「每次講到這些公子哥兒、紈絝子弟的奢侈荒淫的行為，就會想到這批酒囊飯袋占據朝廷高位，國家怎能不亡，天下怎能不亂呢？我贊成世族的腐朽是造成西晉末年大亂的主要原因。」康雅如說。

「我們再回到如何勾勒歷史圖像的問題上，」儲在勤說：「康老師的講法就有不妥的地方。『酒囊飯袋』指毫無本事，只會吃飯的人，西晉世族子弟不是這個樣子，這樣的圖像不對。」

「難道這些世族子弟都是一些聰明俊秀的漂亮人物？」康雅如問。

「對的，確是如此。他們都是學識淵博，聰明俊秀的漂亮人物。惟有瞭解這一點，才能認識西晉的歷史特色，勾勒出西晉歷史的正確圖像。」

「真是不可思議，學識淵博而又聰明俊秀，卻又都過著荒淫放蕩的日子。」康雅如仍感不解。

「請問儲老師，有人寫過這方面的文章嗎？我們目前沒時間讀像是《晉書》、《世說新語》之類的典籍，如果有現成文章，請介紹給我們，我們找來讀，等於補課。」季澤群問。

「文章是有的。在介紹之前，我們可以先推想一番，世族子弟為數不少，朝廷官位為數有限，什麼人可以獲得升遷？並不完全靠家族的權勢，子弟本身的傑出表現仍然是重要條件，有了表現傑出的好子弟，家族在政治上社會上的權勢才得以維持甚至可以提高。相反地，子弟表現不佳，會影響到家族的前途，這也是為什麼魏晉之時，教育的重心已經從太學移到門第，而門第教育又以嚴格為特點，嚴格教育下，個人的才能智慧都被發掘出來，自然成為學識淵博，聰明俊秀的漂亮人物。」

「嚴格的教育未必就能把人的才能智慧發掘出來，希臘斯巴達的教育很嚴格，卻沒出什麼人才。」季澤群不同意儲在勤的推論。

「當然，這必須和教育的內容有關。門第教育的主要內容是什麼？就在我要介紹的文章，錢穆寫的〈略論魏晉南北朝學術文化與當時門第之關係〉裡詳細談到，這篇文章載於錢先生的《中國學術思想史論叢》第三輯。這是一篇相當長的文章，涵蓋面很廣，資料豐富，論證精審，尤其難得的是把具有時代特色的思想觀念和氣氛呈現了出來，讀者只要用心體會，就能想見其時其人，大有助於勾勒歷史的圖像。」

「能不能請儲老師簡單地講一下文章的要點？」季澤群問。

「這樣好了，還是用老辦法，我挑幾段，請台威唸。我看書習慣塗塗抹抹，好處是稍微翻翻就能找到重點。」

儲在勤告訴程台威要唸那幾段。

當時門第傳統共同理想，所希望於門第中人，上自賢父兄，下至佳子弟，不外兩大要目；一則希望其能具孝友之內行，一則希望其能有經籍文史學業之修養。此兩種希望，並合成為當時共同之家教。前一項之表現，則成為家風。後一項之表現，則成為家學。

當時清談，正成為門第中人一種品格標記。若在交際場中不擅此項才藝，便成失禮，是一種丟面子的事。故云如客至之有設。若家有賓客來至，坐對之際，若果既設，亦須言談。惟既不宜談政治隆污，又不屑談桑麻豐凶。若要夠得上雅人深致，則所談應不出上述之數項。此所謂言家口實。當時年長者應接通家子弟，多憑此等話題，考試此子弟之天姿與學養。故當時門第中賢家長必教戒其子弟注意此等言談材料，此乃當時門第裝點場面周旋酬酢中一項重要節目，風氣所趨，不得不在此方面用心。

當時門第中人所以自高標置以示異於寒門庶姓之幾項重要節目，內之如日常居家之風儀禮法，如對子女德性與學問方面之教養。外之如著作與文藝上之表現，如交際應酬場中之談吐與情趣。當時門第中人憑其悠久之傳統與豐厚之處境，在此諸方面，確亦有使人驟難企及處。於是門第遂確然自成一流品。門第中人之生活，亦確然自成一風流。此種風流，則確乎非藉於權位與財富所能襲取而得。

「謝謝台威。第二段有一個地方要稍加解釋，就是所說的『言家口實』，這是指當時流行的言談話題，即論注百家、荊州八袠、才性四本和聲無哀樂。這些都是曹魏之時已經開始，魏晉之際十分風行的思潮，雖然錢先生認為它是時代苦悶所逼迫出來的思想上的新哲理，與東晉以後成為談話的憑藉有所不同，但同為門第子弟所熟悉，所必須下的工夫，則沒什麼不同。」

「真是一幅怪異的圖像，」康雅如說：「聰明博學的秀異人才，各有官職卻不屑於世務，非但不努力工作，還奢侈荒淫，胡作非為。這樣鬧下去，非亡國不可。」

「東晉時，有一個人名干寶，寫了一篇文章叫〈晉紀總論〉，檢討西晉一朝，其中有一段寫當時的風氣，很深刻。司馬光把它選在《資治通鑑》裡，范文瀾的《中國通史簡編》改寫為白話，讀起來更清楚。現在時間已經不早，我們兩個星期之後再繼續談。」

十、西晉的歷史圖像（下）

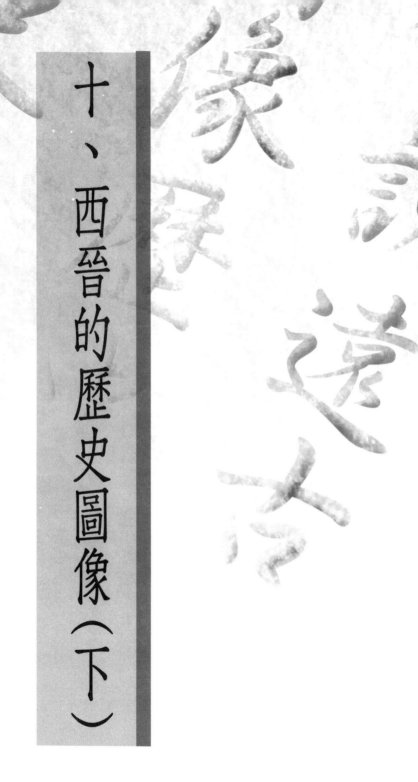

「上次提到陳寅恪，我說他的家世與少年生活很不平常，我們讀他的傳記，不大會產生共鳴。其實，我是最喜歡讀學人傳記的，尤其是自傳，不論是那一學科，讀後都會受到感動，有所收穫。研究中國政治思想史最為著名的學者蕭公權的自傳《問學諫往錄》就是一本很好的書，其中講少年時期的篇章很可以讓高中生閱讀，讓他們看看前輩學者在年少時是怎樣讀書求學的，也讓他們懂得追求知識絕對不是背教科書或者啃參考書。對了，上次最後引用錢穆文章裡的話，前次談曹操評價時也介紹他的觀點，你們讀過他的自傳《八十憶雙親師友雜憶合刊》嗎？也是一本很好的書，只是不適合給高中生唸，因為書中陳述看來似乎平淺，意蘊卻很深厚，年輕人不容易領悟。就像他在師友雜憶開頭所寫的果育學校，一間江南鄉鎮的私人小學，引起了他一段很深的感慨。我唸給你們聽聽。」

> 以上是為余在果育小學四年之經過。回憶七十年前，離縣城四十里外小市鎮上之一小學校中，能網羅如許名師，皆於舊學有深厚基礎，於新學能接受融會。此誠一歷史文化行將轉變之大時代，惜乎後起者未能趁此機運，善為倡導，雖亦掀翻天地，震動一世，而卒未得大道之所當歸。禍亂相尋，人才日趨凋零，今欲在一鄉村再求如此一學校，恐渺茫不可復得矣。近人必謂，現代中國社會

人文，自知西化，已日漸進步。如上舉，豈亦足為社會人文進步之一例乎。恐此七十年來之學術界，亦不能不負一部份之責任也。言念及此，豈勝悵然。

「我為什麼要唸這一段？我覺得一個學校，不管是大學、中學或者是小學都可以看作這個地區，這個社會的文化指標。學校的成就端看畢業學生的表現，所謂學生的表現並不是外表上的考試或就業成績所能評斷，而是他們真正的程度，或者說是素質。我的想法是，學校的老師所以能夠提高學生的程度，惟一的辦法是讓學生學會學習的方法，老師自己不斷學習，把心得感想呈現在學生面前，學生一定會受到感動，更會起而仿效。我在最近一期《讀書》上讀到吳宓的一段話，吳宓是陳寅恪的好友，清華大學國學研究所的主任，他在一門課〈文學與人生〉的課程教案第一條寫道：『把我自己的——我的所讀所聞，我的所思所感，我的直接和間接人生經驗中的——最好的東西給予學生。』很讓我感動。歷史課程儘管不是文學與人生課程，老師是不是也該把自己讀歷史的所聞、所思、所感，以及人生經驗中最好的東西給予學生？當然，老師在課堂只講自己最近的讀書心得是絕對不可以的，他既要講課程內容，也要談自己的所思所感，怎樣安排才是最好的結合，稍加用心，應該能夠處理得當。但是，老師自己不讀不聞，不思不感，沒有美好的人生經驗的話，則決不是一個好老師，或者說並不具備老師的資格，這種不合格的老師必然拖垮學生的素質，也間接使得社會文化水準無法提高。我的開場白太長太嚕嗦了，很對不起，抱歉、抱歉。主要是上次談了錢穆，就把他的自傳拿來翻翻，看到這一段話，覺得很有深義。又讀到吳宓的話，深深被他打動，太喜歡了，迫不及待要講給你們聽。我也知道，這些都是很主觀的意見，對兩位小朋友又深了一點，不大適合講得太多太久。」

「我大概受到某些老師和同學的影響，不喜歡錢穆，對他有偏見。上次回去之後，讀了他講門第的那篇文章，覺得功力果然深厚，我對他的看法需要調整。我應該儘早去買一本《八十憶雙親師友雜憶合刊》來唸。」季澤群說。

「我們上次講到西晉朝廷的腐朽，」儲在勤說：「我們不要認為所有的人都是一樣，都只是在胡搞一氣混日子。他們既然學識淵博，又很聰明，難道看不出朝廷政治敗壞，風氣委靡是不會有任何前途的嗎？當然不是。有人就提出當前朝政混亂的主要原因是任官方法不對，不應該用世家子弟當官，而是要選拔有才能有表現的人升任，不管他是不是出身世族。這個建議很有道理，很對，能被採行嗎？禮民你說呢？」

「不可能。」

「為什麼？」

「世族子弟當官是他們的好處，當然不會放棄。」

「對的，」儲在勤說：「任何改革只要違反既得利益者的好處，一定會遭到阻止。何況世族力量極大，這項建議，當然不會採行。另外，有人認為風氣不好是由於觀念想法上的偏差。大家都談老子、莊子，都認為宇宙自然也好，人生社會也好，追究到根本就是『無』，所以沒有值得肯定、值得追求的東西，人生在世就是盡量享受，在活的時候尋快樂，不須顧到死後。批評的人指出宇宙自然、人生社會的根本不是『無』，而是『有』，所以要肯定一些有價值的東西作為追求的目標，不要放縱情欲，浪費生命。這種講法也很有道理，但是，有用嗎？能改變當時的情況嗎？台威你認為呢？」

「我認為不可能，人的想法不大容易改變，況且人都是喜歡玩樂的，要大家不去玩樂，去認真做事，很不容易。」

「講得很好。」儲在勤說：「從這兩個例子可以看出來，西晉朝廷裡的這些世族子弟並不胡塗，他們很清楚這樣下去，享樂的日子不會很久，大的動亂一定爆發。要改掉這些弊病又是談何容易！一方面敷衍苟且已成習慣，另方面八王之亂推波助瀾使得大家更覺得毫無希望。於是，有些人不再留戀京師的繁華，毅然辭去官職，回到故鄉。吳人張翰在秋風初起，想到家鄉鱸魚蓴菜羹的美味，說了一句：『人生貴適志耳，富貴何為！』的名言，立即起程回家，是一個著名的故事。涼州人索靖告別洛陽城裡閃閃發光的銅駱駝，說：『下次見到你，你將在一片荊棘之中』，更生動地反映了人們對局勢的悲觀與無奈。這也是兩個例子，許多不願被捲進動亂的人，趁著大亂還未爆發，紛紛攜家帶眷，移居到安全的地方，這些人當然屬於世家大族，寒門小戶是沒有這個能力的。」

「這樣說來，朝廷上的官員都跑光了嗎？」程台威問。

「沒有。你剛剛說人的想法不容易改變，人的習慣也不容易改變啊！認清大勢，放棄榮華富貴，需要一番毅力，欠缺這股豪情，依然浮沈於朝廷之中，還是大有人在。西晉最後的朝廷被東海王越控制，司馬越帶著百官想逃到東海王的封國，他死在路上，石勒率輕騎在後面追趕，追到之後，史書上說：『大敗晉兵，縱騎圍而射之，將士十餘萬人相踐如山，無一人得免者。』無一人得免，誇張了些。事實是晉軍大敗，朝廷落入石勒手中，石勒看到這批人，大為欣賞，說：『我打天下已有一段時日了，從來沒見到這麼多精彩漂亮的人物，能不能把他們留下來呢？』他的謀士警告他這些晉的王公大臣一定不會為胡人所用，石勒還是憐惜他們，將他們排於土牆之下，令人將牆推倒，全部壓死，而不是用刀砍殺。這也可以說是西晉歷史的最後一幕。」

「這樣講西晉，」康雅如說：「確實能勾勒出一幅鮮明生動的圖畫。」

「儲老師，」鄒禮民問：「您一再說西晉人物很漂亮，是不是他們長相英俊的意思？」

「漂亮不一定指外表的美，更重要的是風度氣質，一舉手一投足都優雅可觀，講幾句話，寫幾個字也是意境高遠，清麗脫俗。不過，外表也要緊，晉代最漂亮的人物叫衛玠，五歲的時候，『風神秀異』，少年時坐羊車到市場，看到的人都說他是玉雕琢的，來看的人很多很多。長大之後，也能談玄理，但是身體不好，他母親不讓他談，聽過的人都很佩服，說他講得深刻細致。西晉末年，衛玠見到大亂將起，舉家南遷。他一到建業，就造成轟動，只要他一出門，來看的人擠滿了街道，有一次他身體不舒服，還是得出門，來看他的人很多，他總不能讓別人看他一副病懨懨的樣子，總得打起精神，於是過於勞累就病死了，死時只有二十七歲。當時人說，衛玠是被看死的。」

「儲老師，有沒有專門談晉人儀態風姿的文章或書？」康雅如覺得話題有趣，想多知道一點。

「有的。宗白華寫過一篇〈論世說新語與晉人的美〉，很精彩的一篇文章，內容比較深刻，不適於學生閱讀。宗白華，你們知道嗎？」

大家都搖搖頭。

「他是與朱光潛相等的美學大師，名氣卻小得多，李澤厚很稱讚宗白華寫的《美學的散步》，又說宗白華在美學上的成就沒得到應有的評價，很為他抱不平。我也覺得宗白華對中國傳統美感經驗的闡釋比朱光潛作得好，李澤厚的話有道理。對了，李澤厚的《美的歷程》兩位老師總是讀過的吧！」

康、季兩人都點頭，說：「讀過的。」

「《美的歷程》對高中學生來說，深了些。可以讓他們知道有這麼一本好書，等進了大學，或年紀大一點再讀。」

程台威立刻在筆記本上寫下：李澤厚，美的歷程，好書。宗白華，論世說新語與晉人的美，太深。

「請問，宗白華的這篇文章在那本書裡？」康雅如問。

「噢，忘了說，在《美從何處尋》這本文集中。剛剛我說晉人也重視外表的漂亮，吃藥就是一個例子，吃礦物質做成的五石散，可以使他們的皮膚白裡透紅，晉代的世族子弟中，很多是『克藥族』呢！講到克藥就想起魯迅寫過一篇文章，叫〈魏晉風度及文章與藥及酒之關係〉，原來是一篇演講稿，很口語化，寫得不錯，可以一讀。魯迅，知道嗎？」儲在勤問兩位高中生。

「知道，《阿Q正傳》。」鄒禮民答。

「很好。高一學生就知道魯迅寫過《阿Q正傳》，很不容易。可是，要知道魯迅還寫過別的作品，他是中國近代最重要的文學家之一。」

「參加週末座談會的好處之一是可以知道很多好書，好文章，」季澤群笑著說，「我看一年之後可以去考研究所了。」

「多知道一點總比不知道好，」康雅如有點不以為然，說：「我一定不會考研究所，太老了。不過我覺得讀這幾篇文章對於想像西晉人物一定大有幫助，你想，一個世家子弟，學識淵博，能談玄理，舉止瀟灑，卻又克藥喝酒，這是一幅怎樣的圖像？蠻好玩的。」

「世族子弟雖然有學問，很聰明，會講話，卻當官不做事，弄得天下大亂，不太好玩吧！」季澤群說。

「此好玩非彼好玩，」儲在勤又在作和事佬，說：「這幾篇文章確實可以幫助我們勾勒西晉的歷史圖像，對於考研究所或許也有點小用處。不過，我們要談下面一個不太好玩的重點了，那就是五胡起事。五胡，大家都知道是匈奴、鮮卑、羌、氐、羯。如果說請你告訴我這不同族類的胡人，他們生活有什麼特色，你能說出來嗎？也就是，在你的腦中有沒有五胡的不同的圖像？」

「我說說看，」季澤群說：「匈奴是逐水草而居的游牧民族，後來鮮卑進占原為匈奴所有的大草原，應該也是游牧民族。羯是匈奴的別支，更應該是游牧民族。羌族活動在青藏草原，是在山地游牧，不同於大草原的游牧方式。氐族是漢化最深的胡族，因為生活方式接近漢人，大概是從事農耕的。」

「大致不錯，」儲在勤說，「不過，還可以細說。匈奴的情形，我們已經談過了，圖像應該還很清楚。鮮卑進占匈奴舊地，成為大草原的主人，也是游牧民族，沒錯，但與匈奴相較，還是有點些微的不同。套句季先生的話，有些歷史知識不必在課堂上講，教師卻應該有所瞭解，鮮卑的情形，就屬於這類。至於鮮卑人生活的情形如何，史書記載說他們的言語、習俗與烏桓相同，那麼烏桓的習俗是怎麼樣的呢？我們可以讀一下王仲犖《魏晉南北朝史》中的有關描述，他基本上是把史書的記載改寫為白話文。禮民，請你唸好嗎？」

> 他們還過著半游牧的生活，他們主要的職業，是畜牧和打獵，他們為了尋找良好的牧地，經常遷徙，「居無常處」。他們逐漸向安定的生活方式轉變，烏桓族中從事農耕的開始多起來，他們知道在布穀鳥啼叫的時候，從事耕作。他們住在名為「穹廬」的牧帳中。衣服還是很原始的，「以毛毳為衣」。食物為牛乳、乳酪、肉、「青穄」、「東牆」煮成的飯，能釀白酒而不知道作麴。他們還不知

道種稻秔，蘖米也是由漢地輸入的。他們已知道開採金鐵，並且已知道「鍛金鐵為兵器」。他們能夠自己製弓矢和鞍勒，他們經常把羊毛製成氈毾。但他們還沒有文字。

他們選舉勇健能戰、公平而能解決爭訟的人做「大人」，「邑落各有小帥，數百千落，自為一部」，大人和小帥都是由氏族中選舉出來的，不能世襲。大人有呼召，各部落不敢違犯。他們的土地是公有的，畜牧已是私有財產，「不相徭役」，內部是平等的。

他們還沒有法律，只相約：「違大人言，死；盜不止，死；其相殘殺，令部落自相報，相報不止，詣大人平之，有罪者出牛羊以贖死命，乃止。」

烏桓常常進行戰爭，所有成年男子，都是戰士。在戰鬥中死去，這在烏桓人看來是無上光榮的事，所以他們「重兵死」。

「我們可以看到，同於烏桓習俗的鮮卑人和匈奴沒有什麼大差別，他們都是草原的子民。」

儲在勤說：「至於羌族，季先生說的對，是在青海草原放牧，他們的生活習俗有那些特點？王仲犖的書中沒什麼講，其他的書裡也不大談。我覺得反而在正史中的記載最為簡明，例如

《後漢書．西羌傳》中有一段文字蠻要緊的，我唸給大家聽聽。」

> 所居無常，依隨水草。地少五穀，以產牧為業。其俗氏族無定，或以父母姓為種號。十二世後，相與婚姻，父沒則妻後母，兄亡則納釐嫂。故國無鰥寡，種類繁熾。不立君臣，無相長一，強則分種為酋豪，弱則為人附落，更相抄暴，以力為雄。殺人償死，無它禁令。其兵長在山谷，短於平地，不能持久，而果於觸突，以戰死為吉利，病終為不祥。堪耐寒苦，同之禽獸。雖婦人產子，亦不避風雪，性剛孟猛，得西方金行之氣焉。

「還記得《古代北西中國》嗎？那本書裡講羌族習俗也是抄這一段。我唸它還有一個理由，就是欣賞欣賞傳統史書的記載，你們看，多麼簡潔而又生動！假若我們想要知道匈奴的習俗或西域的情況，《漢書》裡的匈奴傳和西域傳中都有這樣總括性的概要敘述，仔細讀讀也就夠了。當然，這不是高中生能夠瞭解的。還有，這段文字中說到羌族沒有固定的組織，部落之間時分時合，這是有別於匈奴的一大特點；又講到羌人擅長在山谷作戰，也反映了他們生長的環境。下面該講那一族了？」

「羯族。」鄒禮民說。

「對的，羯族。剛剛季先生說羯是匈奴別族，也是游牧民族，恐怕不對。關於羯族的說明，我覺得《中國歷史大百科》寫得最扼要，比寫羌族的那一條好。台威，請你唸。」

> 三國兩晉南北朝時，專稱以西域胡為主要成分的一種雜胡，或稱羯胡。東漢末至隋唐時，此名有時用為對北方諸族的泛稱。作為魏晉十六國時「五胡」之一的羯胡，有謂源於西域月氏諸胡，即所謂昭武九姓，曾附屬於匈奴，故又被稱為「匈奴別部」。匈奴衰亡後，南匈奴及一些原附於匈奴的部眾，於晉初大批內遷，有十九部，其中力羯、羌渠兩部可能與羯胡有關。有的舊史解釋族名起源，說他們主要分布於上黨武鄉（今山西榆社北）羯室，因號羯胡。此外，今山西、河北及陝西渭水北諸山間也多有此族。他們與漢族雜處，主要從事農業，多山居，為漢族地主所奴役。相貌特徵為深目、高鼻、多鬚，普通用火葬，信仰「胡天」（祆教），姓氏有石、支、康、白等。晉永興二年（三〇五），上黨武鄉羯人石勒等起兵反晉，一三一九年建後趙，為十六國之一。後趙末年，冉閔起兵，濫殺胡羯二十餘萬，其中因高鼻、多鬚被誤殺者近半，羯胡勢衰，後

漸融入漢族之中。

「羯族最明顯的特點是相貌和信仰，這跟匈奴很不相同，」儲在勤說：「現在一般歷史書講到五胡中的羯族，都會舉出這兩項特點，並說他們原在西域，附屬於匈奴，後隨匈奴東遷，移居中原。如果我沒弄錯，這個解釋是陳寅恪最先提出的，現在已被普遍接受。我們在教課時，這也最容易講，因為特點最明顯，等於圖像最清晰，只要描繪出信拜火教的印歐民族的人，學生就很難忘記。」

「五胡裏面有印歐民族？有沒有搞錯？那麼氐人是什麼樣子呢？」鄒禮民問。

「氐人有一點麻煩，主要是對他們的起源有兩種不同的講法。王仲犖的《魏晉南北朝史》裡說氐人自稱盤瓠之後，可能與崇拜狗圖騰的南方少數民族是血緣近親，後來向西發展，和某些羌族混合以後，他們的嫁娶與羌人相似，後來歷史學家不再稱他們為『南蠻』而稱之為『西戎』了。另外一種講法是不相信關於氐人自稱盤瓠之後的記載，認為他們與羌人關係密切，與南方民族無關。像《中國大百科》氐族條開始的地方是這樣寫的」，儲在勤唸道：

中國古代西部地區的民族之一。氐與羌關係密切，《詩經》中已經氐羌連稱。

漢代，氐人居於隴西、天水、廣漢、武都等郡，相當今甘肅東南、陝西西南、四川西北地區。各部自有豪帥，不相統一。漢政府向西和西南開拓，氐人部分內屬，部分移居深山。其後，部落豪帥多受兩漢政府拜封，統屬於郡縣。

「《大百科》完全不提氐人與南方民族的關係，即對氐族的起源與王仲犖主張的看法不同。至於氐人的生活情形，由於根據的資料基本相同，講法也很一致。王仲犖寫得比《大百科》稍多些，我們就聽他怎樣說氐人的習俗。禮民，請你唸。」

氐人有自己的語言，不過由於他們長期和漢族「錯居」的緣故，他們大部分懂得漢語，而「其自還種落間，則自氐語」。

從漢武帝開武都郡以來，氐族從事農耕的更加增多，他們雖也「畜養豕、牛、馬、驢、騾」，但這不是他們主要的職業了，他們主要的職業是「善田種」。他們住在「板屋土牆」的房子裡。他們又從漢人那裏學會了熟練的紡織技能，他們居住的地區「土地險阻，有麻田」，他們「俗能織布」。他們喜歡穿青絳色的衣服，漢人根據他們衣服的顏色，稱他們做「青氐，或號白氐，或號蚺氐」。所以稱他們為蚺氏，可能由於他們曾和「冉駹」融合的緣故。氐人「多自有姓」，也都是單綴語，如同漢人姓氏。他們雖然從西漢以來，久已成為漢王朝的編戶齊民，但他們在自己的村落間，還存在著部落貴族。而且這稱王侯，多受漢王朝封拜，已經取得漢王朝對他們名義上的承認了。

「我有兩個問題，」季澤群說：「第一，兩種不同的講法之中哪一種比較可信？或者說哪一種講法比較占上風？第二，我們在講課的時候怎麼辦？挑一種自己相信的講？或者挑有趣的說法講？還是兩樣都講？」

「看起來，講氐人與南方無關的說法似乎占了上風。我最近收到一本大陸的書，叫《氐族史》，是中國少數民族文庫中的一冊，吉林教育出版社印的。作者楊銘辨別氐與羌是不同的兩族，考證了史籍上所說氐人稱盤瓠之後是撰者的誤植，他認為氐族起源於甘肅洮河的寺洼文化。這是一九九一年出版的書，作者用的資料相當豐富，論述頗為嚴謹，應該能夠反映最近的研究成果。談到季先生的第二個問題，我比較贊成兩樣都講，有兩點理由，一是高中學生應該接觸歷史上的不同解釋，不要還以為我們可以完全知道過去發生的事情。老師經常對同一件史事提供不同解釋，還稍微講講各自的理由，學生就能逐漸瞭解歷史是什麼了。二是，我覺得氐族是從南方北上的說法很有趣，很精彩，講起來很動人。所以，我一拿到《氐族史》就拋下手邊工作，想看看他們是如何向北移動的，看到他們與南方無關，說實在的，有點洩氣。氐族自稱盤瓠之後，起於南方，這個精彩動人的故事不講，太可惜了吧！」

「經儲老師這麼一講，五胡的圖像真的是鮮明清楚多了。」康雅如說。

「我也有同感，我想這樣講述五胡的特點，同學應該可以瞭解吧！」季澤群問鄒禮民和程台威。

「可以啊！」鄒禮民說：「羌人婦女在風雪中生孩子，羯族是信拜火教的印歐民族，氐人可能是崇拜狗圖騰的南方民族，很不一樣，很有趣。」

「我以前以為五胡就是胡人就是游牧民族，不知道中間還有這麼多不同，現在知道了。我喜歡聽這樣的歷史課，覺得很有收穫。」程台威說。

「這樣說來，努力勾勒歷史圖像應該是課堂教學的一個好方法。」季澤群說。

「有趣是第一要件，」儲在勤說：「勾勒歷史圖像，本身就是有趣的工作，勾勒出來的圖像也要有趣。禮民說很有趣，表示我們這樣處理五胡的特點蠻成功的。好，接著要談五胡何以會大批進入中原的問題。」

「東漢時南匈奴已經在塞內，經過一段時間，人口自然多了。還有就是羌、氐等族居住環境不好，生活艱難，自然一批批想擠進中原，東漢中期以後，政治腐敗，軍事國防力量薄弱，抵擋不住，湧入中原的胡族也就更多了。」康雅如說。

「還要補充一點，漢末中原大亂，人口少了很多，就是前次儲老師談到的情況。這時英雄豪傑為了打天下，必須依靠充足的人力，漢人既然不多，就引進胡人，胡人於是大批進入中原，我想這是很重要的一個原因。」季澤群說。

「講得都好。史書記載，魏末晉初邊疆民族歸附的最高數目是『八百七十餘萬口』，這個數字固然有些誇張，但也未必全無根據。我們對史書的記載都可以這樣去理解，誇張但有根據。好，下一步我們應該想像的是進入中原之後，這麼多的胡人，過的是怎樣的日子，看能描繪出怎樣的圖像。」

「胡人過著痛苦的日子，我們所看到的是一幅悲慘的圖像。」康雅如說。

「為什麼？」儲在勤問。

「因為生活習慣不同，不容易治理；地方上有勢力的人，又欺負他們，所以他們的日子很痛苦。」

「康老師對課本真是熟悉，」儲在勤笑著說：「生活習慣不同，是什麼意思？難道游牧民族進入內地還逐水草而居嗎？」

「當然不是，不過他們的習俗總是與漢人不同，雜居在一起總會發生衝突。」

「好，只是『生活習慣不同』這樣的敘述，不能幫助我們勾勒歷史圖像，我們要的是更具體，更生動的說明。胡人進入中原之後，怎樣過日子？既然不再游牧，那一定改成農耕，他們是稱職的農民嗎？他們會得到好收成嗎？要從這方面去思考，去想像，我們就會發現一個部族一個部族進到塞內的胡人，除了氐族，不大容易適應內地的生活方式，他們的物質收入相當微薄，日子並不好過，再加上政治腐敗，地方官員對他們的壓榨剝削，使他們更為痛苦，更活不下來。於是，只有反抗，反抗晉人的統治。我們要知道，胡人起事不是偶發事件，而是長期以來不合理不公平的待遇所釀成的。當時人已經看到這個情形，也知道情況十分嚴重，已經嚴重到非解決不可的地步，於是提出一些解決的建議。」

「您說是郭欽、江統他們的徙戎主張？」康雅如問。

「是的。課本上講到江統的〈徙戎論〉，季老師還沒教過，我想請問康老師，您怎麼講江統的這篇文章？」

「我沒細講，只說他主張把羌、氐、匈奴搬到塞外，朝廷沒有接受，事實上也有困難。」

「等於沒講。我們一定要問，為什麼課本上提到這篇文章，答案是這篇文章很有名，很重要。既然這是一篇著名的、重要的文章，老師就必須作一點簡單的介紹，那麼，老師一定要讀過這篇文章，讀過才能把握文章的要點。」

「課本上寫的著作、文章都很有名，也都重要，難道歷史老師都必須讀過嗎？」康雅如覺得要求太高了一點。

「我說的是文章。至於著作不可能都讀過，但課文提到的每一本著作的特點及重要性都必須知道。不然，怎麼對學生講？」

「〈徙戎論〉在那裡可以找到？我曾經翻過《古文觀止》，沒這篇文章。」康雅如問。

「《晉書・江統傳》。或者在《資治通鑑》裡也選錄了這篇文章，雖然經過刪節，文字精簡很多，大意仍然保留。江統〈徙戎論〉一開頭講夷狄住在四邊，華夏住在內地是理想的安排，不應有所改變，這是基本理論。再講自周代以來，戎狄進入中原的經過，特別是東漢羌患嚴重，這是歷史回顧。接著講關中地區的戎狄人數已多，受到不平的待遇，積怨已深，必須將羌與氐人遷回原來居地，這是針對現狀提出對策。然後講到遷徙戎狄雖然需要極大的人力財力，如果仔細規畫仍可做到，這是對策略可行性的檢討。最後提出并州匈奴勢力可觀，若胡人起事一定從此處開始，這是對未來的預測。我們可以看到，〈徙戎論〉為什麼好，有幾點可說，一、就文章結構來看，嚴謹整齊，面面顧到。二、就內容來看，既看到情勢的嚴重，提出具體的策略，也作了準確的預測。三、講了這篇文章，其實就交待了西晉時期胡人問題的嚴重性，就能對胡人起事的原因有了清楚的瞭解，或者套句我們這兩次的話語，能夠勾勒出鮮明的圖像。」

「接著該講五胡亂華的經過了吧！」康雅如說。

「我不喜歡『五胡亂華』這個名詞，胡族的起事，漢人必須負點責任。『亂華』兩個字是不是帶有大漢沙文主義的味道？我喜歡用『五胡雲擾』這個不帶價值判斷的古老用法來講十六國歷史。」

「『永嘉之亂』要講嚒？」康雅如再問。

「有人喜歡用『永嘉風暴』代替『永嘉之亂』，我看不必細講，也沒實質內容值得細讀，簡單帶過就行了。」

「勾勒西晉歷史圖像的工作我們大概完工了，我想請教一個題外的問題。儲老師，您覺得黃仁宇的《赫遜河畔談中國歷史》這本書怎麼樣？值得介紹給學生嗎？」康雅如接著又問。

「我之很不喜歡《赫遜河畔談中國歷史》，正如我之很喜歡《萬曆十五年》。此話怎說？作者黃仁宇是明史專家，對於明史的資料非常熟悉，功力深厚，所以，非但《萬曆十五年》是一本難得的好書，是一本高水準的歷史普及讀物，其他明史的文章，像〈從「三言」看晚明商人〉都很好，很精彩。正因為他是明史專家，對明史以外的資料，顯然掌握得不夠，功力也有限，寫起中國史，只能用一些他所謂的大歷史的名詞，什麼『數字管理』、『官僚政治』、『法律』等等撐起來。讀他的這本書，總覺得被一些名詞、觀念弄得頭昏，至於那個時代到底是什麼樣子，有何特色，卻十分模糊。老實說，當年他這本書的文章最初在《中國時報》人間副刊登載的時候，我沒一篇讀完的，不論是內容，或是文字都無法讓我能夠讀完它。這可能跟我個人的閱讀習慣有關，我不喜歡他的這本講中國歷史的書，也許是一種主觀的偏見。」儲在勤從書櫥中取出《赫遜河畔談中國歷史》，大致翻看了一下，說：「我也請你們讀讀他講西晉的這一章：〈長期分裂的悲劇〉，請你們告訴我，他談了那些事？談得好嗎？提出怎樣的觀點？精彩嗎？這些暫且不說，整篇文章的寫法也是即興式的，想到什麼寫什麼，看不出一個完整的結構。你們會說這些都是空話，那我們不妨選一段來讀讀，比較具體一點。」

他把書拿給程台威，指著其中一段，要他慢慢讀。

這時候晉武帝司馬炎以裴秀原來的設計行「五等封建之旨」，也待解釋。中國商周之間的封建，西歐中世紀的feudal system以及日本之「幕藩」和「大名」，並不是由中央政府設計，全盤指令下屬照辦。而是低層機構裡的農業社會，已漸具以各地方為主，自給自足的平衡趨勢，此時高級權威以分疆祚土的方針，賦予上層組織，則彼此各得其所，其軍備之限制，也容易做到，並無對一個極端流動的社會強迫其固定的道理。晉朝甫行封建，就將各王調來調去，又給他們以不同的頭銜，加派軍事任務。八王之亂時動稱「帶甲百萬」，「阻兵百萬」。其虛實不論，我們也可以想像其封建無實，各地流民甚多，儲王也適逢其會，只要他們予口實與組織，就不怕沒有參加廝殺的人員了。

「我請康老師和季老師想一想，這一段黃仁宇在說什麼？說得清楚嗎？中國西周，西歐中世紀，日本幕藩大名是相同的封建制度嗎？能這樣講嗎？他講到封建與八王之亂的關係，能讓我們對西晉的歷史取得較為深刻的瞭解嗎？只要想一想這些問題，就可以知道黃仁宇這本書的問題在那裡了。所以，我是從不介紹給學生看的。」

「黃仁宇的這本書一般評價很好，流傳很廣，但我自己總是不大喜歡，」康雅如說：「原先以為是自己程度不好，讀不懂他的大看法，現在想來，他書中所呈現的歷史圖像不夠清晰鮮明，應該是我不喜歡的重要原因。季老師，您覺得呢？」

「我要回去仔細讀讀再說。」季澤群答。

「快到學期末了，我們的座談會暫時停止，寒假的第一個星期六晚上我們談教科書問題。

好嗎？」儲在勸說。

「好的。」

「寒假再見。」

「寒假再見。」

十一、教科書只是教材的一部份

十二、林谷[illegible]

一[illegible]

康雅如向大家介紹與她同來的這位女士：

「我的同學、好朋友閔慧，在南部的一所高中教歷史，趁寒假回來娘家陪爸爸媽媽。她常和我在電話中談些教學上的問題，她對教科書尤其有意見，我不是很贊成她的一些看法，可是她很堅持，我邀她來座談會，讓她講給大家聽聽，看大家是不是贊成。」

「我對高中教材不滿意的地方，可以歸納為三點。」閔慧說：「第一、太多。內容豐富應該是教材的優點，但必須考慮到授課的時數。每週兩小時，再扣去考試放假，實際用於教課的時間不多，要講完厚厚一本書，負擔太重，許多老師拼命趕課，講得喉嚨都長繭了。第二、太雜。許多瑣瑣細細、枝枝節節的地方，講的話很費時間，不講的話，考試的時候學生答不出來就怪老師沒講。其實，有很多年代、人名、地名、官職都可以刪掉，學生背這些課文，花很多時間，考過就忘，一點用都沒有。第三、太玄。有些地方寫得不清不楚，幾乎不知道編者到底要講些什麼，只能照課本唸，但是一到考試命題時候就頭疼了，真不知道從那裡出起。基本史實很少，都是一些空洞的敘述，怎麼教？怎麼讀？老師、學生一樣煩惱。」

「我不同意閔老師的只有第三點。」康雅如說：「她講的是《世界文化史》。我第一年教的時候也有這種感覺，可是又覺得課文裡的內容蠻活潑有趣的，就去找書來唸，像劉景輝譯著的《古代希臘史與羅馬共和史》、王任光編著的《西洋中古史》、王曾才編著的《西洋近世史》、《世界現代史》、李邁先編著的《東歐諸國史》，還有聯經和五南出版的一些翻譯的西洋史學作品，讀的時候相當辛苦，可是覺得教起課來得心應手，而且自己也有比較充實的感覺。這時候反而覺得第四冊世界近現代史很枯燥，尤其是段考命題的時候，特別困難。閔老師不同意，她說第四冊好教也好考。」

「所以她罵我不用功。」閔慧說：「每次在圖書館看到一大排西洋史世界史的書，真是不知道從那裡讀起。教師手冊，薄薄一小本，很不管用，實在很苦惱。後來康老師建議我從《簡明大英百科全書》裡去查資料，倒是有一點效果。」

「剛剛閔老師說的第一點和第二點，」季澤群說：「其實是一件事，太多正因為太雜所以顯得多，而且不是重要的，是多餘的。至於《世界文化史》是不是太玄，我還沒教過，不知道。現在該禮民說說，對歷史課本的看法了。」

「我不喜歡現在的歷史課本，因為和國中課本內容一樣的地方很多，只是講得更詳細一點而已。課本的文字也和國中課本一樣，硬梆梆的，是不是歷史、地理都要這樣寫？還好我們有一位好老師，把歷史講得生動有趣，大家經常大笑，笑得東倒西歪，和基礎理化課比起來，很不一樣。那基礎理化老師只管自己講，同學也是東倒西歪，睡得東倒西歪，坐我旁邊的胖子還流了一桌子口水。」

「好了，你又扯到那裡去了，」程台威說：「儲老師，我覺得課本只是為了考試，我只在考試前讀一讀，考及格就好了。我覺得課本裡面內容很少，我都是找課外書讀。我在小學五年級最喜歡看的書是《給兒童看的中國歷史》，在國中我從蓮田姊那裡借《四十自述》和《西潮》來看。看過這些書再回頭看課本，實在沒什麼。所以，上課的時候，老師多介紹課外書我最喜歡，只講課本裡的事情，我就睡覺。」

「季老師，那您對課本有什麼看法？」康雅如問。

「課本中瑣細枝節的地方不少，是個大缺點，應該刪節，我很贊成。不過，我覺得真正問題不在這裡，而是課文仍舊只是表面敘述，和國中課本一樣，稍微詳細些而已，沒有比較深入的分析。也就是說在理論上高中課本應該有國中課本沒有的深度，而我們現在所用的課本似乎相當欠缺。我剛剛教高中，對課本不熟悉，只能提出這一點感覺，還要向三位前輩多請教。」

「儲老師，您的看法呢？」康雅如問。

「歷史教了一輩子，手裡面拿的，就是這幾冊高中課本，說熟悉是再熟悉不過。可是，從來沒對課本作點研究，下過工夫。近幾年多讀了點講歷史教學的東西，也會產生些想法，其中當然也包括教科書的問題。我的想法其實很簡單，就是教科書不等於教材，教科書只是教材中的一種，有它一定的重要性，但絕對不能視為教材的全部。歷史老師教的應該是歷史而不是歷史教科書。因為我有這樣的想法，耳朵對這幾個字特別尖，剛剛閔老師說對教材不滿意，就是沒有分別教科書和教材的不同。閔老師，我可不是批評您這位新朋友，而是作為一個例子說明把教科書和教材看作同樣東西是一個很普遍的情形。」

「沒想到第一句話就出了醜。」閔慧苦笑著說。

「千萬不要這樣想，把自己的想法毫無掩飾地講出來，是很美的事啊！言不由衷，講些虛假的應酬話才醜呢！」儲在勤安慰她。

季澤群覺得氣氛有點尷尬，最好的辦法是轉移話題，於是就問儲在勤：「儲老師，您說看了些關於歷史教學的東西，對教科書問題有了想法，能不能告訴我們您看了那些東西？」

「一年多之前，我讀到一篇寫於六十幾年前的文章，讀完幾乎傻住了。我幾乎不能相信，現在大家在談的問題，提出來的想法，在那時候就已經談到了，而且談得那麼精闢深刻，不比現在人的講法差，甚至還要精彩。讀完之後，把書放下來，深深吸一口氣，慢慢地吐出來，六十幾年的歲月好像就這樣過去了，真有點不可思議。」

「什麼文章？」幾乎每個人都在問。

「何炳松寫的《歷史教授法》，原載一九二五年的《教育雜誌》，我是從《何炳松論文集》

中讀到的，這部文集是一九九〇年北京商務印書館出版的。」

「簡體字，用老辦法的話，要請台威幫我們唸。」季澤群說。

儲在勤拿起手邊的書，交給程台威，說：「唸我用鉛筆打勾的三段，是第一段、第六段和第十段結語。」原來儲在勤早有準備。

第一段

普通所談的教授法往往非常廣泛。普通最喜用的話，就是所謂「注入」式同「啟發」式。又因我國在科舉時代私塾制度發達的時候，大都用注入式，所以現在頗有一種趨向，以為「注入」總是不對的，「啟發」總是好的。這是我國近來厭故喜新、矯枉過正的一種大毛病。不過此地我所說的話，並不是替「注入式」辯護。我的意思是要大家明白：第一層，普通所講的教授法容易流於空泛的一方面；第二層，注入同啟發，各有好處，各有互助的關係，不能偏廢。

還有一種普通的趨向，就是今人一旦談起教授法，立刻就同教科書聯想起來。好像教授法就是教科書的使用法。教科書以外的教學上的幫助，現在大家實在不很注意。我們只要看看現在大部分學校中的設備，如地圖、模型、參考書、圖書等等，我們就差不多可以武斷的說：我國學校的教授各種科目，還是免不了同科舉時代一樣，完全是書本的研究，或者是教科書的研究。

這篇文字所談的教授法很想避去空泛的討論，很想擴充到教科書以外，而且很想把教授歷史的內容同方法和盤托出。但是按諸我國現在學校的狀況，如經費的支絀，設備的欠缺等，這篇文字恐怕還是免不了「廣泛難行」四個字的批語。不過我以為我們總有一天可以達到而且應該達到這篇文字所提出的各種方法。

第六段

我們下面要討論的，就是歷史教科書這件東西。教科書原來亦不過一種歷史教學的幫助。但是現在我國學校教師對於教科書看得非常重要，差不多當作一種獨一無二的工具，所以我們不能不特別討論一下。

在歐洲方面，小學裡的歷史功課，幾乎完全用口授的方法。至於我國差不多自從開始講授歷史起到了中學畢業為止，所謂歷史課程就是教科書，所謂歷史的講授就是教科書的討論。普通歷史教科書可以分作三類：一類是大綱，一類是較詳的便覽，一類是詳盡的課本。各有各的長處，各有各的用途。它們的好不好，看我們如何去使用它們而定，我們不能說那一類為最好。一種教科書，不論它屬那一類，總以明白確切為貴。書本的簡單，不一定就是明白確切，多一點詳情，少用幾個廣泛的形容詞，往往可以將一件事情或一種運動說得格外活現。所以我們要選擇一本教科書，第一步就是看它是否明白而確切。此外要研究書中的觀點是什麼，所附的地圖、圖畫等好不好，所附的參考書是否適當，所附的問題或大綱之類是否有用，目錄好否，文字如何等等。

要試驗教科書是否真確，第一先要明白著書的人是誰。他是否有著書的經驗同資格？著書人的觀點往往不同，有的善詳述上古史，有的偏愛政治史，有的多述美術史。這要看教師自己的主見如何，再去擇定最適當的本子。至於地圖、圖畫等等，我們應該問：選擇的標準是什麼？同課本有沒有密切的關係？這類教材的來源是什麼？現在我國歷史教科書附有參考書目的很少，假使將來能夠附有參考的書目，那麼我以為應該附有同書中某事有關的特種著作，注明版本、卷數同頁數，而且所附的書是普通圖書館中所能備的。有許多目錄，單是各章的題目。我們實在應該附各種節題同段題，使教者、讀者可以當作一種表解用。至於教科書的文字，應該簡明整潔，不過切不可專以激起興趣為主，失掉歷史的真面目才是。

第十段

我現在已經將歷史教授法的大概情形同讀者說明了。簡單的綜合幾句話，就是所謂教授法決不是「空談無補」的高調，亦決不單是教科書的使用法。要教一門科目，我們必須明白那一種科目究竟是什麼東西，我們教授那一科，抱什麼目的。而且應該時時刻刻留心現代各科學者所發現的新學說。至於教授歷史應具科學的精神。所謂科學的精神就是注重普通人同普通的事。所以教授歷史應該從社會的團體入手。我國學校的教師對於教科書看得很重，所以教科書的選擇，應該格外慎重。否則便有「失以毫厘，謬以千里」的危險。至於教授的方法，上面所述的已很簡單，不必再加概括的論調。唯廢止考試一層，近年來雖然甚囂塵上，但我不但不敢附和，而且竭力的主張。

「六十幾年之前，教育經費困難，學校設備簡陋，」閔慧說：「這種情況使得老師教學時只得依靠教科書。今天經費可以說是相當充足，可是學校裡面的地圖、掛圖、模型依然很少，老師還是重視教科書，其中有一個很重要的原因就是聯考。在考試領導下的教學，只是為聯考服務，只要聯考題目從教科書中出來，老師就只能教教科書。」

「您談到聯考，那是另一個問題。」季澤群說。

「何炳松的這段話，」康雅如說：「可以看到六十幾年前教科書是開放的，老師是可以選擇最好的教科書來使用，今天教科書是統一的，是標準本，到底是進步？還是退步？再說，他講到書本簡單不一定就是明白確切，多加一點詳情，少用幾個形容詞，卻更加明白確切，這是一個很重要的觀念。上次季老師提到國中課本刪節之後反而增加師生負擔，就是不懂簡單不等於明白確切的道理。他的話到今天還有參考價值。」

「我覺得他的話裡隱約有一個意思，」季澤群說：「就是中國受到傳統的影響，歷史教學很重視教科書，西方已發展出現代的教法，所以不很重視教科書，他認為我們也應該採取現代的教學法，不能完全依靠教科書。但是，現代教學法中比較激烈的主張，如用啟發式取代注入式以及廢止考試，他又不同意。可見他是選擇性地介紹西方的歷史教學法，他不強調教科書的重要，也是經過仔細思考的。也許是因為我原先已經知道何炳松是最早介紹西方史學的重要學者，聽了這三段就會產生這樣的聯想。」

「確是如此，」儲在勤說：「在文集中有一篇更早的文章〈西洋中小學中的史學研究法〉，介紹西洋中小學的歷史教學中如何指導學生研究。其中有一小段，我唸給大家聽聽。我最初唸到這段，在旁邊打了一個大勾，很容易找到。」

教學生如何去研究歷史，普通往往以為事體重大，是大學校中應有的科目。但是做教員的，不能因為他名目太高，就置之不理。大學有歷史，小學亦可以有歷史。大學有歷史研究法，小學又何嘗不可以有歷史研究法？實在說起來，從小學一年級起，就可以用極簡易的方法去教歷史研究法的。

「這番話今天聽來似乎都太前衛了一點。」儲在勤把書闔上，說：「不過，到了高中，總應該可以教一點研究歷史的方法了吧！高中的歷史課還在把課本上的敘述當作事情真相一樣地講，還要學生背下來，何炳松地下有知，一定痛哭流涕！不過，也不要把何炳松的話看作天經地義，他介紹西洋的教學方法，卻忽視了咱們傳統教學中還有跟西方很不一樣，卻值得保留並且發揚的東西。就像他在文章結語中說教歷史應該具有科學精神，就是注重普通的人和普通的事。他沒講出來的意思，則是反對講人物傳記，講在歷史上有影響的帝王將相、英雄豪傑。我們知道中國傳統史學的特色是重人不重事，描述人物的資料特別豐富精彩，這些寶藏舍棄不用，專講一些比較枯燥的經濟發展與社會生活，講普通的人和事，歷史課程的內容減弱不說，引不起學生的聽課興趣才是更大的損失。所以，我們也要學何炳松，要選擇性地接受他的說法。不過，他對於教科書的看法，我是十分贊同的。」

「您說到傳統的歷史教學，」康雅如問：「有這方面的文章嗎？」

「有啊！您不是對錢賓四先生的東西很熟嗎？他寫過一篇短文，叫〈中國歷史教學〉，收在東大圖書公司出的《歷史與文化論叢》裡。我覺得那是一篇講傳統歷史教學最為精簡扼要的好文章，從這篇文章中可以看到傳統歷史教學的特色、精神與優點，也可以發現傳統的教學終究是舊的方式，有它一定的限制。我們不能再回到過去，卻要把傳統中的好處繼承發揚。」

「錢先生講到教科書的問題了嗎？」季澤群問。

「沒有。錢先生特別強調教師的重要，他認為歷史教學一切主要的任務，還是落在教者自身對歷史的認識與修養上。」

「可見歷史教學中教的主體是老師不是教科書，這也是中西一致的看法。」季澤群說。

「我有一點意見，」閔慧說：「歷史教學是包括兩個部分，歷史和教學。剛剛講到何炳松和錢穆都是歷史方面的學者，說不定從教學方面看教科書很重要，它可能是教學品質的保證，沒有教科書老師會亂講一通，教學就不能達到一定的水準。」

「和我原來的想法一樣，」季澤群說：「我第一次參加我們這個聚會，聽儲老師說教科書不是頂重要的事，我很不能接受。現在，我完全能夠接受。」

這時儲在勤從書櫥裡拿出了兩本書。

「不過，」儲在勤說：「閔老師講的沒錯，我們應該看看教學方面的專家怎麼談教科書問題。我說近來看了一些歷史教學的資料，可不是只看大陸的東西，我也去買教學法，教育心理方面的書來唸。大概是年紀大了，學習效果不佳，總覺得讀不太進去，不像唸歷史書那麼順手。在我的書櫥裡有兩種《教學原理》，一本是高廣孚寫的，一本是林寶山寫的，都是五南圖書公司出版的。兩本書講到教科書的地方意見很接近，高廣孚寫得很詳盡，用條舉的方式說明教科書的各方面。林寶山談得比較簡要，概念卻更清楚，雖然比高廣孚那本精簡得多，可是還是長了一點，不過既然是重要問題，多花點時間唸，也是值得的吧！」

儲在勤把其中較薄的一本交給鄒禮民，請他唸。

第一節　教科書的意義

教科書(textbook)與課程及教材可以說是許多教育工作者時常混淆的概念，目前中小學教學上的諸多偏差和缺失莫不與此一現象有關。

課程的定義大致可以歸成四類：一是把課程視為教學科目表或科目內容；二是視課程為學校為學生所設計的各種學習計畫；三是指由學校安排的各種學習經

驗；四是視課程為學習目標。

教材也有兩種涵義，一是指教師用以協助學生學習的各種材料，例如教科書、幻燈片、影片、補充材料等。另一個涵義則是指各種教學材料上所包含的題材或內容。

教科書則是指學校或教育當局為學生所設計的書面資料。其功能在使學生獲取知識，練習技能，培養態度和價值觀。至於教科書的內容包括學習目標、學習內容、練習題、測驗題、實驗活動等。

由上之敘述可知教科書與課程截然有別，教科書並不是課程的全部。而教科書雖是屬於教材的一部份，但也不等於全部的教材，更不是唯一的教材。

第二節　教科書的功用

無論中外，教科書在學校教育上都扮演著極重要的角色，教科書幾乎是最主要的教學資源。長久以來，教科書可以說一直在支配著學校的教學活動。就我國的中小學校而言，學校的平時考試，學期考試以及升學考試等，莫不以教科書的內容和範圍為命題評量的依據。而在美國，教師的教學活動約有百分之七十至百分之九十是根據教科書。由此可見，在今日的各級學校教學與教科書的使用有相當密切的關係。

教科書廣泛的支配學校教學，除了是由於教科書的誤用造成的之外，不可否認的是它確實具有許多功用。這些功用主要有三項，包括：

一、避免教師自編教材之缺失並減輕其工作負擔。

二、使學生的學習有系統、範圍明確。

三、統一的教科書使教育行政當局能統一教材、齊一教學進度。

第三節　如何使用教科書

教科書雖有上述三種功用，但由於教育人員對教科書存有不正確的觀念，以致誤用甚至濫用了教科書，反而衍生不少弊害。以下是三種教育人員常有的偏差的觀念極待改正：

一、認為教科書是絕對正確，不容置疑或挑戰的，教師只能依據教科書的內容，順序和進度教學，不能隨易更動、修改或加以批評。

二、認為教科書是唯一的教材，捨教科書之外，別無其它可供教學使用的教材。教師的職責僅在教「教科書」，學生的學習也就僅限於讀「教科書」而已。記誦教科書內容成為學生學習和應付考試的不二法門。

由於今日教育行政當局對中小學校的多數教科書有統一的規定，使教科書被「標準化」了，而教師和學生更是過度依賴，迷信教科書。僵化地使用教科書的結果，使得我國學校的教學產生了極大的偏差。

在我國，大部份中小學校的許多教學科目都必須根據教育部的規定，採用由國立編譯館所出版的標準本教科書。學校和教師並無太大的選擇權。

長久以來，由於中小學教師無權選擇教科書，甚至認為編寫教科書是學科專家之事，遂使教師只能被動的使用，甚至誤以為教科書的良窳與本身無關。事實上，教科書是為了方便教師教學和學生學習而編寫的教材之一而已。如何選取教科書的題材，如何過濾其中的內容使適合教學需要，都應該是教師在教學時應盡的責任。就學理而言，教師應有選擇教科書，過濾教科書內容的權利和義務，教師不能一昧盲目的依賴教科書教學。

「台威，你明明唸教育人員需要改進的偏差觀念有三項，怎樣只唸了一和二，第三呢？是不是漏掉了？」季澤群問。

「沒有，我唸的時候就注意到怎麼沒有三呢？真的沒有。」

「大概排版的時候漏掉了。」閔慧說。

「也許是二項偏差，不是三項，三是誤植。」康雅如說。

「閔老師，」儲在勤問：「您現在還覺得教科書非常重要，是歷史教學中的主體嗎？」

「我已經動搖了。不過，不依靠教科書的內容，要教些什麼，我現在是一片茫然，還得好好想一想。」

「所以，我早就跟妳說過，」康雅如低聲地向閔慧說：「幹我們這行歷史老師平常不能不讀書，這不是說不讀書會被解聘，而是自己覺得上課無趣，學生也沒什麼收穫。」

「我上課也很認真，總是想盡辦法讓學生把課文記熟。以前我的學生參加聯考都是得高分的，這幾年低了一些，不到高標準了，恐怕是逼得不夠緊的緣故。不過這幾年聯考試題跟過去不大一樣，很多超出課本範圍，連我們老師都不會，不知道聯招會有沒有注意到這幾年歷史科命題的偏差，如果不及時改正，很打擊我們老師的士氣。聯考試題超出課本範圍，難道我們老師也要教課外的歷史知識嗎？課內的已經不少，課外的更是多得不得了，怎麼教呢？學生怎麼學呢？這種命題方向非改不可，如果不改，……」

康雅如聽閔慧滔滔不絕地講，很替她著急，心想這下子可真的要慘了，要遭到季澤群和儲在勤的修理了，開口打斷了她的話：

「又講到聯考，季老師不是說過，那是另外一個問題，今天不談，今天只談教科書。」

「看樣子考試問題非談不可，」儲在勤對季澤群說：「閔老師的看法您同意嗎？」

「當然不同意，不過我很熟悉。同閔老師想法的人太多了，我看只談教科書不談聯考解決不了問題，儲老師，我們下次就談考試吧！」

「好啊！康老師，也把蓮田叫來吧！我倒蠻想念她的呢！」

「是，我會通知她。不過，我們對聯考命題方向有把握知道得很清楚嗎？能夠對她的分數有幫助嗎？」

「當然沒有，」儲在勤說：「我們絕不是在做什麼考前猜題之類的事，也許會談到近年聯考試題的特點和方向，可能對她會有幫助。」

「是不是逐題討論？」閔慧說：「那我們就可以看出大約有多少題超出課本範圍，臺北補習班老師說八十二年度超出範圍的題目約有百分之三十，太可怕了。」

「我們不逐題討論，而且我們可能也不討論試題，我們是談理論。」儲在勤很和氣地向閔慧解釋：「今天我們談教科書問題，有沒有批評檢討現在用的課本第幾冊有那些錯誤，第幾冊有那些毛病？沒有。我們是從理論上談教科書應該在歷史教學上占有怎樣的地位。我們談考試的話，也是從理論上談歷史這門學科，在高中階段應該怎樣測驗或考試。」

「理論總是要落實，」閔慧說：「就像今天談的結論是教科書不是歷史教學的重點，也不是教材的全部，有什麼用呢？是不是有了這樣的認識就不必新編教科書了，既然不重要，好一點壞一點也沒關係，是嗎？」

鄒禮民看一時沒人接口，就說：「課本好一點總比壞一點要好一點，我看還是應該重新編得好一點。」

「閔老師的問題提得好！」儲在勤說：「我們既然說教科書不很重要，那麼要不要改進呢？禮民的講法也好，只要有一點改進，都是好的。」

「教科書雖然不很重要，但仍然有一定的重要性，也不能過於忽視，應該力求改進。」康雅如說。

「問題在於，」季澤群說：「要怎樣改進才是最配合教科書在歷史教學中應有的地位？如果歷史老師都能把教的主體性發揮到極致，他可以自己來編纂所需要的教材，而學術界教育界也提供了很多他可以採摘的材料，那時候需要一本教科書嗎？在這種情況下，一本教科書非但不能保證教學的品質，反而會成為提昇教學品質的主要障礙。不過我必須說明，這只是一種假設性的理想狀態，不是實際的情形，更不是我們現在所能做的，因為我們欠缺太多的條件。」

「這還是理論，」閔慧說：「我們現在應該談如何把教科書的觀念落實到實際情況，空談理論無補實際。」

「未必，」儲在勤說：「據我所知，英國的教科書在理論指導下出現了很大的改變。課文字數減少，選錄了各種各樣的資料，還設計一些教學活動。老師上課的時候，是帶著學生去理解過去，而不是講些過去的事情要學生記住。」

「是這樣嗎？」閔慧覺得難以想像。

「他們的教學方式中史料教學占很重要部分，」儲在勤說：「效果好像很不錯。有關英國的歷史教學，我還是介紹你們讀讀周孟玲在天津《歷史教學》一九八八年十月份上刊登的那篇文章。季先生，您讀過的，感覺如何？」

「很受衝擊，很有啟發。我剛剛的話還沒講完，既然我們的條件不足，接著就該問，我們在今天的情況下，如果新編教科書的話，最主要的改動應該在那裡？例如大陸新編教科書與舊版就有很大的不同，康老師您來之前，我們看過人民教育社的新編初中教科書，他們採取大小字結合的辦法，大字是重大史事的概括敘述，是綱；小字是較為詳細的闡述或作為例證的故事，是目。與舊版比較，改動很大。而這些改動是為了解決他們在教科書上的問題，也為了符合理論上的需要。那麼，我們的新編課本的特點是什麼呢？近來聽到一種講法，說為了避免和國中課本內容重複，高中應該採專題式的編法，不知道幾位老師聽說過嗎？是不是同意？」

「聽過的，」儲在勤說：「原則上同意。但『專題式』是什麼意思，或許有不同理解。如果說是專史方式，什麼社會史、經濟史、軍事史、官制史等，我是堅決反對。如果依據每一時代的特點，選出最能反映它的題目，再向上追溯，向下推衍，我倒是贊成的。還有，剛剛季老師講到大陸新版教科書，我最近接到上海版的高中中國古代史課本，粗略翻翻，感覺和初中的內容頗接近，至少欠缺應有的深度，有點失望。季老師的話好像還沒講完，請繼續講。」

「謝謝。我就接著儲老師的話講吧！高中的課本應該具有國中所沒有的深度。我覺得目前課本是內容太多，知識點多，也就散而雜，許多是不重要的，多餘的。新編課本應該改絃易轍，縮小知識面，集中在重要的大問題上，作深入的敘述，把歷史知識應有的層次性展現出來，至於零碎支節的地方都可以略去不提。這是我的想法，還請幾位前輩指教。」

「我很贊成，」康雅如說，「課本既然有深度，老師就要講出它的深度，學生讀歷史就不能只憑記憶，還得動動腦筋，應該可以提昇他們分析、思考的能力。閔慧，我不贊成妳逼學生背課本，那是沒用的。」

「我也贊成季老師的講法，」閔慧說：「高中課本深一點，很好啊！只是教科書變了，教學方法也得跟著變，我相信高中老師都是很有彈性，很能應付新情況的。」

「我倒不這麼樂觀，」康雅如問儲在勤：「儲老師，您對重新編纂新課本有什麼主張？能不能請您談談。」

「先前我已經講了，我對教科書沒有研究，有點想法也不是長期思考的心得，都是偶爾在這裡看到點，在那裡看到點，都是拾掇別人的看法。首先，我贊成季老師的主張，請特別注意他講到『歷史知識的層次性』，這是一個重要的概念，要說明它，必須弄清楚歷史知識的結構，這又是一件大工程。但是在歷史教學上來看，又是非弄清楚不可。因為只有分析出歷史知識的結構，才能設計出妥善的教學計畫，才能使歷史教學成為一門嚴謹的學科。這點說來話長，暫時按下不談。其次，我覺得要把教科書放在教材中思考。教科書既然是教材中的一部分，那麼其他部分是什麼呢？其他部分如何才能和教材構成一個有機的連繫，既可以提高教學品質，又可以互相支援？這樣一套以教科書為主的教材，應該包括那些部分？簡單地說，我認為『新編課本』的觀念應該改為『新編教材』，除了教師手冊，還有可以提供學生使用的書才對。我之所以會有這樣的想法，主要是讀了一篇翻譯自蘇聯的文章，登在天津《歷史教學》一九九〇年十二月號上，題目是〈蘇聯歷史教學改革的現狀〉，其中有一段講到教科書，我唸給大家聽。」

> 適應學校歷史課新的構想和新的教學大綱，要求編寫一系列相應的教學和教學法書籍。其中包括課本、文選讀本、閱讀教材（學生用）、教師用教學法參考書、學生自學習題集、教學採用的技術手段。全套教學用書擴大了教學的可行性，擴展了學生的積極的認知活動。教育研究工作者和教師們主張就各門課程編寫多種形式的教科書，這樣教師就可以根據各年級的程度和教學特點等，更廣泛地選擇適用的教材。

「請注意『全套教學用書』這幾個字，」儲在勤說：「這應該就是編整套教材的觀念。這個觀念很有啟發性，很讓人想一想重編教科書的時候，還有那些書最好能夠一起編？教師手冊之外，資料集應該是不可少的，指導學生如何自學，能不能編出一冊？學生的作業能不能獨立出來，也編成一小冊？這些都是應該思考，可以討論的問題。還有，視聽媒體也應該是重要的輔助教材。雖然，蘇聯已經解體，但如果他們的教學改革真的如同文章所說，哪一天東山再起，不是不可能的。教育是一個國家的根基，教育辦不好，就好像根基腐爛，外表再華麗再雄偉的大廈，根基動搖，必定崩塌。糟糕，老毛病又犯了，又講題外話了。趕快就此打住。對了，時間不早了，你們也該回家了。」

「儲老師，我們下一次就談考試問題嗎？」季澤群問。

「好啊！談考試。不過談這類問題兩位小朋友不大能夠參與討論，對兩位不公平，如果你們不想來就別來吧！」

「考試問題太重要，不能不來。」鄒禮民說。

「再見！」

「再見！」

十二、考試是為了查驗教學的效果

鄒禮民和何蓮田最後走進儲家書房。

「儲老師、季老師、閔老師、康老師、還有台威，大家好。」蓮田很有禮貌地向幾位老師微微鞠躬。

「好，蓮田，你好嗎？」儲在勤很高興，聲音也稍大些。

「不好，地獄裡的日子怎麼會好過呢？」

「不經過高三的考試地獄，怎麼能夠到達大學的快樂天堂呢？」閔慧在康雅如家見過何蓮田，也算蠻熟的，就隨意說了一句。

「我不大贊成閔老師的說法，」季澤群心裡覺得不應該一開始就跟閔慧擡槓，卻沒能按捺下來，說：「大學是一個求知識的好地方，追求知識也是辛苦的事，不大好比作快樂天堂。許多高三學生拼命用功死背課本，就是為了過聯考這一關，進了大學就痛快地玩，夜遊、露營、舞會，很快就浪費了一年的時光，加上高三那年都在複習，也沒多少長進，一個人一生之中學習能力最強的兩年就這樣糟蹋掉，真是可惜了。我們做老師的實在不好灌輸給高三學生一種錯誤的觀念，就是你現在好好用功，廢寢忘食地拼命讀，只要考進大學就可以盡情地玩，愛怎麼玩就怎麼玩。抱歉，閔老師，我的話也許沖了一點，請包涵。」

「閔老師也沒這個意思，」康雅如看到閔慧的臉有點拉了下來，趕緊打圓場，說：「她只是說高三辛苦點是必要的，不然進不了大學，這也是實情。不過，季老師您也不必抱歉，閔慧這個人直爽得很，這點小事她那會計較，不同的意見儘量說，她最討厭話含在嘴裡，吞吞吐吐，讓人摸不清楚意思的那種人。」

「對，有意見儘量說，其實我也贊成季老師的說法。學生進了大學不可以只是辦活動、搞社團，讀書還是頂重要的。」閔慧絲毫沒有不高興的樣子，康雅如的話顯然奏效了。

「蓮田，」儲在勤問：「妳的歷史怎麼複習？妳們歷史老師應付大學聯考，採取怎樣的策略？」

「哎，怎麼說呢？老師真是盡心，幫我們從四面八方蒐集考題，分門別類考我們，考得我們頭昏眼花。有的時候為了一題的答案為什麼是這個不是那個，大家可以吵上半天，老師也說不出讓人心服的理由。說實在的，我們看到老師不斷打電話、寫信，要來這些題目，還要分類，再編成試卷，我們真是感動，也很感謝。可是，越讀越煩，越煩越讀不下去，心裡就生出一股怨氣，這股怨氣自然不能朝向老師，只能朝向這門科目，歷史了。」

「原來是題海戰術，」儲在勤說：「以往蠻管用的，近幾年有點不靈了。康老師，您也教高三嗎？」

「好久以前教過兩年，參加聯考全軍覆沒，校長說我是名士派，題外話太多。從此就不准我教高三，只准教高一、高二。前幾年把《世界文化史》調到高二，所以我也教了這門課。不過，蓮田她們的老師，真是一位負責盡職的好老師，這幾年聯考成績下降，到不了高標準，他也很懊惱，對試題不滿意，和閔慧一樣。」

「暫時不談聯考，」儲在勤說：「我們的第一個問題是：為什麼要考試？」

「主要是為了查驗學生的學習效果。」季澤群答。

「學習是不是有效果，能不能說是不是達到了這門課程的教學目標？」

「應該是可以的。」又是季澤群回答。

「那麼，我們歷史課程的教學目標是什麼呢？」

「我記得在第一次座談時，讀過課程標準中的目標，我的印象是有兩個重點，一個是歷史發展演變的大趨勢和其間的關係，另一個是要培養民族精神負起時代責任。」還是季澤群回答。

「這樣的教學目標能不能用考試的方法來查驗是不是達到？」

三位老師都搖搖頭，說：「不能。」

「也不是完全不能，只是目標簡略了一些，有無處著手的感覺，至於精神與責任，是屬於情意的東西，幾乎無法用考試來查驗。不過，我們不必盯住條文，換個方向問，學生學習這門課程，是應該取得他的程度能力範圍內對歷史的理解，還是背熟幾本教科書，就很明顯了。考試是查驗他有沒有學好歷史，不應該問他是不是背熟了歷史課本。」

「我還是疑惑，」閔慧說：「為什麼要把歷史和歷史課本分開？對我來說，歷史是空空洞洞的，無涯無際的偉大知識，但是課本卻是實實在在，清清楚楚的知識。就以考試來說，不考課本，卻考歷史，那還得了？再說，課本是按照學生程度編的，課本的內容就是符合學生理解能力的，超出課本，就等於超出學生的程度和能力，也是不應該考的。」

「閔老師講的，在理論上沒錯，」儲在勤說：「中學的歷史和歷史課本不應該是兩件事，它們應該都是符合學生的認知能力，對學生有所幫助的。但是，這要有一個前提，那就是對中學生學習的歷史知識要弄清楚它的性質和層次，也就是要建立起它的知識結構，而教材，請注意我不是單指教科書，要能把這個結構清楚地呈現出來。我的意思是，假若歷史教材要能充分配合課程的教學目標的話，那麼，歷史知識、教材內容與學生能力三者間的關係一定要弄得很清楚。我不認為我們現在對於這三者的關係弄清楚了，我甚至覺得我們並沒有嚴肅思考這個問題。所以，有些老師把教科書中的表面記載當作歷史知識的全部，要學生死背，既不問學生已經具備了那些能力，更不問這門課程對於學生能力會有怎樣的提昇。其結果就如蓮田所說，越背越煩，也就越恨歷史了。」

「我想補充一點，」季澤群說：「教科書根據課程標準的教材大綱編寫，是有一定的範圍，我們必須對這個範圍之內的歷史知識有所瞭解，再根據學生的認知能力，選定歷史課程的講授內容。我想，這也應該是聯考命題的依據。所以，不能夠說只有歷史課本是實在的，課本以外就沒有實在的歷史知識。」

「不錯，」康雅如說：「我聽說聯考命題是以課本為準，不以課本為限。也就是說，不能超出課本的範圍，但不需要抄課本的文字。」

「我還有疑問，」閔慧對於儲、季二位所說一時無法理解，還再問：「如果沒有教科書，能夠考試嗎？考什麼呢？」

「可以考的，」儲在勤在季澤群講話之前，搶先說：「考歷史知識及能力。我們上次說過，英國的歷史課沒有標準本教科書，但他們的會考卻要考歷史，要想進大學，都得參加會考。他們從一九八八年夏季開始，實施一種新的考試制度，就是『普通中等教育證書』考試，英文簡稱為GCSE。取代了過去的兩種會考，也反映了教育理論和教學實務上的若干改革。過去兩種會考都是採用『常模參照』，GCSE改為『標準參照』。」

「『常模參照』是什麼？『標準參照』又是什麼？我從來沒聽說過。」何蓮田問。

「好奇特的詞，我也從來沒聽說過。」鄒禮民也說。

「兩個關於教育測驗的名詞，」儲在勤說：「你們老師都是知道的。簡單地說，『常模參照測驗』是把學習者的成績與同組學習者的平均成績作比較，把全組學習者的成績劃分出等級，以他在該組中所處的等級位置來決定他成績的優劣。常模參照測驗的主要目的是測量考生的個別差異。『標準參照測驗』的評定方法是把每個學習者的成績與一定的標準作比較。而這個標準就是教學目標。所以，不管教師選擇何種教材，不管學生有沒有學完這些教材，測驗範圍和成績標準是不變的，考汽車駕駛執照就是一個例子。目前許多教育專家認為，在檢驗一個學習者的成績是不是合格的時候，尤其是檢驗教學效能的時候，必須進行標準參照測驗。」

「英國的會考從『常模參照』改為『標準參照』，有什麼作用嗎？」程台威問。

「有的。『標準參照』不再是在考生之間比較，而是考生和特定的標準比較，這樣能夠真實反映當年的教學效果，並且也為改進教學提供可靠依據。」

「儲老師，」季澤群慢慢地說：「雖然您講得很清楚，但是英國考試制度的改革是一個複雜的事情，絕不是從常模參照改為標準參照就能讓我們瞭解。所以，我感覺到這是一個重要的大事，到現在我還是一片模糊，我想，要講得讓我們明白恐怕很不容易。我有兩個建議：第一、有沒有文章或什麼資料介紹給我們，由我們自己回去唸。第二、能不能舉一個例子，讓我們看看英國會考的題目長得是什麼樣子。」

「贊成，」康雅如說。

「反對，」鄒禮民說：「不是為我，是為我表姊。她今天是來學解題技巧的，她又不要去考英國會考，她不需要聽，我代她反對。」

「我可沒說學什麼解題技巧，是你說的。」何蓮田對鄒禮民說。

「季老師講得對，」儲在勤說：「這件事太複雜，我講不清楚，還是你們幾位老師自己去看文章。糟糕，又要介紹大陸學者的作品了，沒辦法啊！有一篇文章，題目就叫〈英國「普通中等教育證書」歷史考試簡介〉，作者是葉小兵，刊登在《教育與管理》的一九九〇年第二期上。順便提一下，葉小兵還寫過一篇文章叫〈英國歷史教學概況〉，登在《課程、教材、教法》一九八九年第五期上，相當扼要中肯，可以和周孟玲那篇一起看。至於英國的歷史課程的設置和有關的理論，可以讀吳麗芬寫的〈英國中學社會科課程架構——以歷史科課程為例〉，登在《菁莪》第五卷第一期。你們知道《菁莪》這個刊物吧！是在豐原的臺灣省教育廳中學教師研習會辦的，這一期是歷史教育專輯。對了，季老師問有沒有英國會考的題目，我有，也是葉小兵翻譯的，也登在《教育與管理》一九九一年第二期。是一九八八年夏季的考試整份歷史試卷。整份卷子有許多道題目，可是我覺得最有特色的一題卻是最長的一題，唸的話要花些時間，還是唸道短的，普通點的題目，你們看呢？」

「當然是要最有特色的，長一點沒關係。」康雅如說。

「那麼，先請蓮田唸，唸完之後大家再傳看一下。」

「儲老師，」季澤群說：「《菁莪》各校都有，其他大陸資料除非去中央圖書館，不然我們是看不到的。這幾篇葉小兵的文章能不能借給我們？我去影印幾份，印好還您？」

「當然可以。」儲在勤說著就把這篇文章遞給何蓮田。

試卷二

一九八八年六月二十一日　星期二　上午九點三十分──十一點

格爾尼卡

背景情況介紹

一九三六年，佛朗哥將軍率領法西斯軍官發動叛亂，反對共和國政府，挑起了西班牙內戰。歐洲其他的法西斯國家──希特勒的德國和墨索里尼的義大利，派軍隊和飛機支援佛朗哥及其法西斯分子。

格爾尼卡是位於西班牙巴斯克地區的一座小城，因其歷史上和宗教上的重要而

聞名。內戰期間，該城屬於共和國的區域，受到法西斯分子的進攻和占領。一九三七年四月二十六日，格爾尼卡幾乎被完全摧毀。共和國方面說，格爾尼卡是遭到了為佛朗哥法西斯分子作戰的德國飛機的轟炸和機槍掃射。法西斯方面否認轟炸的說法，並稱該城是由共和國軍隊在撤退時炸毀和焚燒的。現提供一些材料，這些材料可以作為證據用於判斷格爾尼卡所發生的事。

材料一

格爾尼卡的廢墟（這張照片，反映出該城的建築物被炸成了一片瓦礫。）

——《美聯社》

材料二

四月二十七日，一個法西斯方面的發言人說，巴斯克人已經摧毀了格爾尼卡。第二天，法西斯分子正式宣布，他們的飛機在四月二十七日沒有起飛。四月二十八日，法西斯分子占領了格爾尼卡。跟隨法西斯軍隊的外國記者被告之，在格爾尼卡發現了「一些炸彈彈片」，大部分的破壞是由巴斯克人所造成的，可能是為了激起對法西斯分子的憤慨。

——休·托馬斯：《西班牙內戰》，一九六一年版。

材料三

我走過這座仍在燃燒的小城，廢墟中可以見到許許多多的屍體。大多數的屍體已被燒得難以辨認。至少有二百人在逃向高地時被機槍子彈打得遍身是眼。

——《每日快迅報》，一九三七年四月。

材料四

（該畫畫的是大路兩旁一片瓦礫，路中站著一軍人，說：「我為貧窮受苦的巴斯克人帶來了和平。」圖下寫著：「一九三七年六月二十一日一份英國報紙上的漫畫。畫中人意指佛朗哥將軍」。）

材料五

從與我友好的一位英法記者那裡，我得知了有關格爾尼卡著名爭論的一些情況。

這個記者首先隨占領該城的法西斯軍隊進入這個小城，他仔細檢查了這裡的毀壞情況，並詢問了許多居民。這是共和國方面對這場戰爭的一次最成功的宣傳妙計，並編造了一個已成為歷史的神話。依照這個神話，格爾尼卡是被德國斯圖卡式轟炸機在進行俯衝轟炸的試驗時所摧毀的。其真相是，作為重要的通信中心和一個師指揮部的這座小城，是遭到了佛朗哥的西班牙空軍的轟炸，而不是德國空軍的轟炸。佛朗哥的空軍襲擊了火車站和一座兵工廠，但這個兵工廠是由撤退的共和國軍隊用炸藥炸毀並放火燒掉的。

——彼得・肯普：《一個在西班牙內戰中為佛朗哥作戰的英國士兵》，寫於一九七六年。

材料六

（照片中只有三架在天空飛行的飛機。照片下寫道：「一個格爾尼卡的羅馬天主教教士說，這張照片是他在這次轟炸襲擊時拍攝的。）

——*Jonathan Chowes Ltd.*

問答題

運用「背景情況介紹」和這些材料，回答下列問題。每題的回答都要解釋你的理由。

一、材料一提供了什麼？你的回答要說出理由。

二、材料一是證實了材料二，還是與材料二相矛盾？解釋你的回答。

三、對材料二所引述的發言人的說法，有沒有懷疑是不可靠的理由？

四、你認為材料三中的記者是什麼時候訪問了格爾尼卡？你的回答要說出理由。

五、材料四是表示法西斯分子轟炸了格爾尼卡嗎？你的回答要說出理由。

六、一個歷史學家會認為材料四有用嗎？解釋你的回答。

七、材料五是原始材料嗎？解釋你的回答。

八、你認為材料五中提到的記者是寫材料三的那個人嗎？你的回答要說出理由。

九、材料六作為格爾尼卡所發生事情的證據可靠嗎？

十、一些德國飛行員在以後曾提到，他們是試圖轟炸格爾尼卡城外的一座橋，但未能擊中。⑴這能夠幫助你對材料二中法西斯發言人的說法作出是不是可靠的判斷？解釋你的回答。⑵考慮到這些材料，你認為這像是一個可信的解釋嗎？

十一、你認為在格爾尼卡發生了什麼？你的回答要說出理由。

十二、為什麼歷史學家非常重視搞清楚他們的史料來源？

十三、有人認為歷史是一個人普通教育中有用的一部分。你同意這種觀點嗎？你的回答要說出理由。

何蓮田讀完之後，房間一片沈寂。

「怎麼樣，有何感想？蓮田，你這位考生先說。」儲在勤只有點名了。

「我在想，如果要我作答，我會幾題？好像都不會。」

「九十分鐘時間，只考西班牙內戰中一個小城市被破壞的原因，未免太細了罷。」閔慧顯然不大欣賞。

「格爾尼卡應該是很有名氣的，」康雅如說：「畢卡索有一幅名畫就是以它命名，畫的也是這件事。不過我覺得他們好像在考史學方法，很明顯，他們重視方法的訓練，也就是能力的培養，和我們很不一樣。」

「我同意康老師的講法，真的是和我們的大不一樣。」季澤群說：「這讓我想到他們平常的歷史課，老師就是這樣教的嗎？如果老師的教法和我們一樣，講很多事情給學生聽，學生是不會答這種題目的。學生參加這樣的考試，可以完全不要背課文內容，如果平常老師教得不錯，學生的能力已經具備，考前可以完全不要準備，真是和我們不一樣。我不知道我的瞭解是不是正確，我很想多知道一點。」

「考試與教學一樣，」儲在勤說：「要培養學生的能力，必須把問題談得深而細，這像會忽略掉知識的廣度；相反，強調學生歷史基礎知識要豐富，又會忽略掉能力的培養。這不只是英國歷史教學目前遇到的問題，也是我們學英國作法的時候必須考慮到的問題。所以，我覺得閔老師的看法是蠻重要的。禮民，你喜歡作這樣的題目嗎？」

「我喜歡，考試前不要背課本內容，我一定喜歡。」

「台威呢？」

「我要回去仔細看看，我不很清楚他們在問什麼。」

「不過，我再聲明一次，」儲在勤舉起這份試題，說：「這道題是最長的，也是最有特色的。前面試卷一的題目，材料只有二條或三條，問題也只有三道。所以，不要以為英國會考的歷史試題只有這種樣子。從前面的這些試題中，還是可以看到考生必須具備一定的基礎知識才能作答。」

「大陸研究歷史考試的學者之中，葉小兵是最有名氣的一位吧？」康雅如問。

「據我所知不是，大陸歷史教學界以專門研究考試著名的是聶幼犁。對了，近年他對英國結構式試題作了不少介紹，我們也可以看看他是怎麼說的。葉小兵寫過一篇講史料教學的文章，登在《北京師範學院學報》，寫得很好，值得細讀。北京師範學院現在改名為首都師範大學，他是歷史系的副教授，很年輕的一位學者。聶幼犁在上海華東師範大學，也是年輕的副教授。」

儲在勤從書櫥的期刊中找到《歷史教學》一九九二年十一月號。翻到第四十六頁。說：「這裡有一篇聶幼犁翻譯的文章：〈英國劍橋大學地方考試委員會中學歷史學科考試

(GCSE)結構式試題〉，我覺得編者按語和譯者注中的一段話，並不很長，值得讀讀，也有季老師想知道的東西。蓮田，還是請妳唸。」

編者按：歷史考試如何考查能力，是歷史教學研究的一個重要課題。考試的難度偏重於機械記憶，難度愈大，教育的效果愈差。而考查思維能力，我們又缺乏系統的研究和實踐。聶幼犁同志精選、翻譯的英國劍橋大學地方考試委員會中學歷史學科考試結構式試題，或許對我們有所啟發。我刊連續登載這些試題，希望能引發更多人的研究興趣。繼此譯稿之後，還有聶氏引進、改造後的「中國式」的結構式試題，也希望有人品頭論足。

所謂結構式試題，係指在同一試題的一則或一組材料（情景）下，圍繞同一主題設計了一系列有關的或引申的從易到難、由簡至繁之問題的試題。這種試題的功能通常是考查一組不同類別和層次的成就目標的，可以是對歷史事實的回憶，也可以是理解歷史事實與解釋的能力和從歷史材料中獲取證據與判斷歷史材料的可靠性、有用性的能力。一般地說，以考查各種能力目標為主。（有關目標問題可參見《歷史教學問題》一九九二年第一、二、三期中，筆者所譯英國倫敦大學地方考試委員會《歷史學科一—四學習階段成就目標和學習大綱》為了確保試題能有效地考查到預先設計的目標，命題者在材料的性質、形式、角度、外顯性，問題的提法和評分規則等方面採取了相應的技術措施，有著獨到的構思。據筆者所見所聞，結構式試題的設計主要同在英國史學界和教育界流行的下列觀點有關：

第一、史學研究的對象是過去的事情，屬於人文科學。除了對史實的確認有著相當的受史料限制的困難和相對性外，對史實的分析及看法則有更大的受人們現實處境與經驗影響的差異和或然性。因此，從本質上看，史學的發展是以史料的發現、考證和人們的歷史意識、思維方式的進步為標誌的。

第二、教育的目的是兒童的發展。從長遠的觀點看，前人的研究經驗和成果是兒童發展的一種手段，兒童應該藉此去學會獨立地探索、思考問題的習慣，培養（而不是記住）歷史意識和思維方式。從而，在今後的道路上能夠利用和揚棄前人的成果，正確地處理歷史和現實問題。因此，在學習中，兒童從模仿到形成自己的思考和處理問題的能力，要比僅僅是記住史實和成人的推理過程與結論更為重要。

第三、考試本身是教育過程中的一個環節，即使從其相對獨立的意義上看，它也是教育的「僕人」。它一方面應該盡可能地符合教育的目的、性質、任務和方式，使其更富有教育意義；另一方面應該有利於鑒別和診斷學生的發展水平，既要了解學生「掌握了什麼」，更要了解學生「還會什麼」。因此，考試應當是讓學生有所發揮、發展的機會，而不是對學生的一種限制。至少，在認識上應當是這樣。

「謝謝蓮田。」儲在勤說：「聶幼犁翻譯的題目都附有評分的依據，就是每一道題答到什麼程度，算是符合了那一水平，可以得到幾分。結構式試題是屬於半客觀型試題，閱卷者評分有伸縮餘地。這些評分方式很值得我們參考，不過這要和他們的學習成就目標一起看才能弄得清楚。這篇文章也請季老師幫大家印一下。」

季澤群從何蓮田手裡接過《歷史教學》，說：「我又有兩個問題要請教儲老師了，第一，您介紹的英國歷史試題，聽來固然是一新耳目，但他們的做法對英國以外地區有影響嗎？第二，您為什麼只介紹英國？其他先進國家，如美國和日本的歷史試題是不是也要介紹？」

「先回答您的第二個問題。我介紹英國的試題固然由於資料的關係，但是，為什麼有關英國的資料多而美國日本少，恐怕還是英國在這方面做得好，處於領先地位。我看過整份日本的大學入學考試試題，登在《大學聯考歷史科命題研討會論文集》中，這個研討會是大學入學考試中心辦的，論文集也是中心出的。我的感覺是，題目都有一定的重要性，不會流於瑣細，但多偏於記憶。比較而言，近幾年我們聯考的某些題目比他們的還要考生多用點腦筋想想。至於美國，我沒看過他們的中學歷史試題，只是讀過一兩篇介紹的文章都在感嘆他們的中、小學歷史教學有一些問題，成效不是很好。」

「幾年前大學入學考試中心的歷史小組到各地座談聯考命題，我去聽了還拿了一份他們寫的聯考命題改進意見，覺得蠻好的，每次我自己出題的時候都會拿出來翻一翻。」康雅如說。

「考試中心還有一個刊物叫《選才》，其中偶爾也有關於歷史科命題的文章，也可以看看，可惜不多。」儲在勤接著說：「現在要回答季老師的第一個問題。就我所知，英國的歷史考試理念已經影響到中國大陸的大學入學考試，他們稱之為『高考』的命題，並且對現在的大陸中學歷史教學造成一定的衝擊。我們先舉例子來看，一九九二年的普通高校招生全國統一考試的歷史試題被認為是歷年來各方面評價最好，水準最高的一份高考試卷。讓我們找一份來看。」

儲在勤在一九九二年十月號的《歷史教學》中，找到了一九九二年的試題及答案。他翻了一下，說：

「材料解析題，兩小題，第一題四分，第二題六分，共十分，不算多。我唸第一題給大家聽。」

閱讀以下四段反映同一朝代的史料：

材料一：近來土地多歸有力之家，非鄉紳，則富民……若夫窮民，本無立錐之地。——摘自《楊文弱先生全集》

材料二：先代有限田之議，均田之制，口分世業之法，宜仿其制而乘除之，亦因時救弊之政也。——摘自《膠濱語錄》

材料三：徒黨不下數千，始則占耕民田，後遂攻打郡縣。——摘自《王文成公全書》

材料四：十四年正月攻河南，有營卒勾賊，城遂陷，福王常洵遇害。——摘自《出劫紀略》

回答：(1)根據以上材料，指出材料一反映了那個朝代後期的什麼社會問題？(2)

對於這一社會問題，材料二、三反映了兩種解決方法，這兩種解決方法的根本不同是什麼？(3)材料四中的「賊」指什麼？作者為什麼用這個詞？

「我們再看看這題的參考答案及評分標準。」儲在勤繼續唸：

(1)明末，土地兼併嚴重。（一分）(2)一種是借鑒先代田制加以改良，維護封建土地制度；（一分）一種是奪取地主土地，採用暴力手段打破舊秩序。（一分）

(3)李自成領導的農民起義軍；作者站在地主階級立場，仇視農民起義。（一分）

「李自成明明是流寇，怎麼變成起義軍的領袖，有沒有搞錯？」鄒禮民頗為不解。

「是啊！」閔慧說：「又是地主階級，又是農民起義，都是些共產黨名詞，真受不了。」

「不是共產黨名詞，」季澤群解釋說：「應該是唯物史觀的名詞，大陸至今仍然以唯物史觀解釋歷史就一定會用這些名詞，這就是剛剛唸過聶幼犁介紹英國人所主張史學研究時候講到的，對史實分析的看法隨著人們的現實處境而有所差異的意思。我覺得既談不上對錯，也不必太奇怪。」

「第二題呢，是選自法國《一七九一年憲法》的材料，也是要考生回答三個問題，占六分。」儲在勤又抽出了一本《歷史教學》，說：「讓我們看看一九九三年的材料解析題，一題是從《資治通鑑》裡選了四段材料，記淝水之戰前前秦朝廷關於是否出兵的討論。奇怪，怎麼把平陽公苻融寫成孔融，孔融不是東漢末年那個讓梨的小孩嗎？後來為曹操所殺。大概是兩個地方都印錯了。這題占六分，另一題也是四段材料，分別取自邱吉爾演說、杜魯門的國情咨文、馬歇爾的演說以及北大西洋公約，占八分。顯然比前一年占分為多。另外，問答題中也有一題是要考生分析資料作答的，在一九九二年是取趙翼〈唐女禍〉中的一句話要學生分析評論。一九九三年的題目是關於宋代榷場的。我就唸給大家聽聽吧！」

宋代文人劉迎在詩中寫道：「迄今井邑猶荒涼，居民生資惟榷場，馬軍步軍自來往，南客北客相經商。」什麼叫「榷場」？舉例說明榷場的作用。試從民族關係的角度分析此詩所反映的社會現象。

這一題的參考答案及評分標準是：

宋、遼、夏、金時期，幾個政權並立，政府在邊境上設立的收稅市場叫榷場。（二分）

例如宋遼邊境上的榷場，宋朝商人用絲織品、稻米、茶葉等，換取遼的羊、馬、駱駝等牲畜。隨著貿易的發展和交往的頻繁，宋朝的製瓷、印刷等技術傳往遼。宋的工匠仿照宋瓷製造日用器皿，雕印書籍。榷場的設立促進了遼宋之間的經濟文化交流。（三分）

（若能答出榷場的設立也增加了政府的收入者，加一分）

在分析此詩所反映的社會現象時，按以下三個層次評分，各層次得分不得累加，即三個層次的最高得分為五分。

(1)各民族之間的經濟交往十分密切。（二分）

(2)雖然邊境上彌漫著戰爭的氣氛，但各民族人民為維持生計仍然保持經濟貿易交往。（三分）

(3)儘管我國歷史上多次出現戰亂和分裂局面，但各民族之間的經濟文化交流不可阻擋。中國自古以來就是一個多民族的大家庭，各民族之間的友好交往和合作乃是歷史的主流。（五分）

本題總分不得超過十分。

「我聽了大陸全國高考的這兩道題目，」季澤群說：「覺得是很有創意，但是和我們剛剛聽蓮田唸的那道『格爾尼卡』似乎很不一樣，距離還相當遙遠。所以，用這兩題作為例子，好像不能證明大陸是受到英國的影響。」

「單從這兩題和『格爾尼卡』來比較，確實相去甚遠，」儲在勤說：「這是我選題的偏差，如果我不選『格爾尼卡』，而是選葉小兵所譯試卷一的題目，或者從聶幼犁翻譯的結構式題目中選兩、三題，你們就會覺得很相似了。不過，不唸『格爾尼卡』終究是一個損失，這道題目很有特色，很精彩，值得一讀。不過，英國試題和大陸試題是否相似，不能只從題目的形式上看，還要問題目的測驗目標是否相同。英國試題以測試考生的歷史思考能力為重要目標，而大陸這兩道高考題目也明顯地有測試考生歷史思考能力的意圖，至於是不是真有這樣的意圖，得看看他們自己怎麼說，不是我們只憑幾道題目就猜得準的。有一篇文章，據說是引起了相當多人的注意，叫〈論高考與中學歷史教學改革〉，刊登在《中學歷史教學參考》上，這份陝西西安出版的刊物，聽說是大陸歷史教學期刊中銷路最廣的一種，好像每期銷十三、四萬份。試題討論和復習指導的文章占了比較多的篇幅或許是這份刊物暢銷的原因之一。這篇文章的作者陳慶軍，聽說是一位山東的中學教師，我覺得他寫得很好。」

儲在勤再從書櫥的期刊中找到《中學歷史教學參考》一九九二年十一期，說：「我挑一段給大家唸唸。」

> 大約從一九八五年開始，高考逐漸打破傳統的模式，向標準化考試的目標邁進。由於排除了各種障礙和干擾，近三年明顯加快了改革步伐，高考的改革涉及到各方面，其主要表現有：一、考試制度的改革——由文理分科到畢業會考後的新高考。二、考試方法的改革——主要是標準化考試的推進。三、考試內容的改革——主要是加強了能力的考查。就歷史學科而言，命題終於打破了中學課本的禁錮，擺脫了教學大綱的束縛，高考試題所涉及的歷史知識已經超出了教學大綱和中學課本甚至中學生所能涉獵的範圍，試題對考生的各種能力的要求越來越高。特別是一九九二年正式公布了高考歷史科的考試說明，具體、明確地規定了能力考察的目標、範圍和十項要求。這不僅在理論上解決了加強能力考察的問題，同時也大大減少了命題工作的隨意性和中學教學的盲目性，從而為「兩個有利」（就是有利於高校選拔人才和有利於中學教學改革）的統一創

造了條件。正因為如此，過去曾受到中學教學界強烈批評的高考命題「超本」（就是超出課本範圍）現象，現今已被普遍的接受和歡迎，高考命題終於以自身的改革走出了困境。這是我國高考制度改革過程中一個十分有意義的轉折。高考的改革，尤其是高考內容的改革，正強有力地推動著中學教學的改革，中學各科普遍加強了能力的教學，中學生的基本素質和各種能力有所提高，高中教學改革長期停滯不前的狀況發生了變化。

儲在勤把刊物闔上，室內又是一片沈寂。

「我們的聯考有沒有歷史科的考試說明和能力要求？」何蓮田向幾位老師提出問題。

幾位老師都搖搖頭。

康雅如說：「沒聽說，大概是沒有。」

「是不是應該要有？」何蓮田接著問。

「不知道，」康雅如說：「我從來沒有想過，這是第一次聽說有政府公布考試說明和能力要求。」

「我想應該要的，」儲在勤說：「現在聯考由聯招會主辦，聯招會是一個臨時的編組，不可能會做什麼長遠的規畫，等到將來考試中心接辦聯招，就應該儘快做出來。英國很早就有考試大綱，而且歷史課程設置綱要劃分為十個層次，都是大陸制定歷史科考試說明和能力要求的重要參考，也是英國影響大陸的一個例證。」

「我想英國歷史考試對大陸產生影響是無可懷疑的事實，」季澤群說：「現在，我很想對英國的歷史教學能有比較全面的、深入的瞭解，希望能多讀一點這方面的論著，儲老師，麻煩您開給我進一步閱讀的書單，好嗎？」

「我自己知道的也很有限，我這裡有一本英文書談得蠻深入的，我也看了幾篇。如果您有興趣，可以先拿去讀。書名是：*History Teaching and Historical Understanding*，是由兩位倫敦大學的高級講師，等於美國制度的教授，Peter Lee 和 Alaric Dickinson合編的論文集。」

「謝謝。」

「一直在講英國、講大陸，也該講講我們自己的聯考歷史試題吧！」何蓮田說：「我並不是來學解題技巧，更不是來聽幾位老師的考前猜題。但我覺得我們的聯考試題也該談一談了。康老師很欣賞近幾年的試題，可是現在的老師不喜歡，批評得蠻厲害的。我偏向康老師，其他同學偏向現在的老師，經常爭吵。是不是請幾位老師針對我們自己的試題講講它的優點和缺點，不要老是講別人家的事，好像自己家的事不值一談似的。」

「這也是我和雅如在電話中爭辯的話題之一，」閔慧說：「不過，我又動搖了。如果課外題目可以測知考生的能力，我也不會反對。我相信歷史課程是可以培養學生能力的。」

「我們自己的試題當然值得一談，」儲在勤說：「況且在我看來，選擇題部分，我們的題目要比大陸好。如果在某一題型之內的各種變化可以稱之為『次題型』的話，我們的次題型比大陸多。舉例來說，我們近年試題在選擇題這個題型之下，可以有情景的模擬、史料的理解和史料分析種種變化，大陸在一九九二年和一九九三年全國高考的兩份歷史試題裡，選擇題之中只有一題屬於史料理解的題目。陳慶軍的文章中也提到選擇題過於刻板，缺少變化是一項缺點。所以，我認為近幾年我們的聯考選擇題比大陸好，大陸要想改進，應該向我們學習。大陸的非選擇題中材料解析與材料問答兩類試題已經具有結構性試題的模樣，比我們的非選擇題好。我們的非選擇題基本上屬於簡答題，測知考生能力方面的作用不是很大，應該學習大陸的那兩類題型，也命製出結構性的試題才好。」

「我同意近年出現了一些可以測知考生程度的好題目，」康雅如說：「但卻苦了老師！老師要怎麼教才好呢？我看大部分的老師還是以不變應萬變，還是逼學生死記硬背，然後找題目來不斷演練，就是儲老師所說的題海戰術。結果呢，成績非但沒高上去，反而降了下來。老師們對試題的不滿自然是可以理解的事。試題改革固然很好，教學不能配合，也是見不到效果的。」

「雅如這幾句話講得最對！」閔慧似乎很興奮地聽到了同調，說：「所以，我們可以不談題目好不好，卻不能不談面對這種題目我們該怎麼辦！老師怎麼教？學生怎麼學？」

這時，所有的目光都集中到儲在勤的臉上。

「正常的教學。」儲在勤很平靜地說：「老師該怎麼教就怎麼教，學生該怎麼學就怎麼學。正常的教學是提昇學生程度的最佳途徑，也是應付能夠測知學生程度的考試的唯一良策。」

「什麼是正常的教學呢？」閔慧說：「難道我們聲嘶力竭地講課，無止無休地出考題改考卷不是正常的教學？」

「只是唸課本，劃重點，不斷從參考書上抄題目來考學生就不是正常的教學。」季澤群冷冷地插上一句。

「那請你舉一個正常教學的例子給我聽聽。」閔慧朝著季澤群說。

「我來講吧！」儲在勤說：「時間不早了，只能長話短說。何炳松在六十多年前講到教學方法，說過一句話：『最重要的一點，就是使得過去能夠「活現」出來。』他又說到活現過去的方法很多，如參觀古蹟，看模型、圖畫等，但是他又說：『最重要的還是教師口頭的說明。』我覺得，雖然過了六十多年，歷史教師用口頭的說明，把過去的時代活現出來仍然是最基本的，也是最起碼的教學方法。怎麼活現過去呢？就是把要講的那個時代的特點和重大史事的解釋，清楚地講給學生聽，而不是唸教科書再加上一些事情的細節。近幾年的聯考已經很少在細微末節的地方出題目，像是條約、制度等瑣碎的知識都不再命題。聯考考的都是重點所在，就可以和正常教學配合起來。這樣講課說來簡單，實際的情形恐怕做到的不多。怎麼知道呢？從考生在聯考的表現上可以看到，我們不要忘了，考試的另一個重要功用是取得學生的反饋信息作為教學改進的依據。舉一個實際的例子來說。八十二年的聯考有一題，題目是：史載：『以揚州為京畿，穀帛所資皆出焉；以荊、江為重鎮，甲兵所聚盡在焉，常使大將居之。三州戶口，居江南之半。』這是何時的情況？(A)東漢(B)東晉(C)南唐(D)南宋。我最初在報上看到，覺得這是一道很容易的題目，後來有朋友告訴我數據顯示通過率非常低，只有零點二，也就是十個考生中只有二人答對。而選答南宋的高達百分之六十六，讓我大吃一驚。這個現象清楚說明學生的腦中沒有東晉的圖像。因為影響東晉局勢發展的最主要因素就是荊州與揚州對立，大多數學生沒有這個最重要的概念。課本上雖然說到東晉初『荊、揚二州地方安定，戶口殷實，』但這不是解題線索。課本中又提到王敦自武昌舉兵攻入京城，蘇峻作亂為荊州刺史陶侃所平，以及朝廷支持揚州刺史殷浩與荊州刺史桓溫對抗，這些史事都說明了荊州對朝廷有相當大的影響力，而其力量之所以強大就是由於『甲兵所聚盡在焉』。

桓溫北伐未能成功，揚州朝廷的不予支持也是重要原因。所以，講東晉的歷史，荊、揚二州及其關係無疑是重點所在，不可不講。學生只要對此有所瞭解，東晉一朝的主要情勢也就活現心中。所以，我認為從這道題目的考生答題狀況可以看出大多數學生並沒有學到歷史，只是強記教科書中的文字，確實反映了目前教學的不正常。再說上一句，南宋時候地方行政單位不是州，揚州也不是京畿，更沒有把甲兵聚在荊州，這麼多考生選答南宋，除了他們不瞭解東晉的歷史之外，對南宋的歷史幾乎也可說是一無所知。怎麼會有這樣的現象？值得好好檢討。」

「講課的時候要把歷史活現出來，非要讀很多書不可。」康雅如說。

「當然，」儲在勤說：「老師不讀書是會鬧笑話的。記得八十一年聯考有一道非選擇題問東漢以後宰相權力移到尚書，魏晉以後移到中書，劉宋以後移到門下，這個現象反映相權的擴大，還是皇權的擴大？當天晚報補習班的答案居然是相權的擴大，就是一個大笑話。歷史教學要正常化，作為主體的老師非讀書不可。記得有一位蘇聯的教育家說過一句話，大意是教科書只是教師知識之海中的一滴水。我很喜歡這句極為誇張的話，我覺得這句話有動人的力量。」

這時，門推開了，儲太太端了一個蛋糕進來，招呼著大家分而食之。並且說道：

「在勤退休之後，每天散散步，看看書，卻總是提不起勁來。自從有了這個週末的談話聚會，又是忙著去書店買書，又是上圖書館找資料，日子一忙，胃口大開，覺也睡得沉，精神好多了。這都要謝謝你們呀！在勤有點事要跟你們說說，我先告退。再會。」

「是這樣的。我在臺東的女兒快要生產了，她要把我們接到臺東去住，說什麼臺東山青水綠，沒有污染，可以延年益壽。其實還不是要老媽媽幫著帶帶孩子。我嘛，有一間書房讓我專用。內人疼女兒，我也只好依她了。所以，我們的談話聚會沒法繼續，只得喊停。等我們回來之後，看當時情形再決定要不要恢復吧！」

「大概什麼時候回來？」季澤群問。

「沒決定，短則幾個月，長則一年，我可不想終老臺東。」

「等我考完聯考，您就回來，我們再上您這兒，喝茶、吃點心，聽您講古，好嗎？」何蓮田說。

儲在勤笑著說：「好，好，我答應妳。妳可也要答應我，考上妳喜歡的學校，妳喜歡的系。」

儲家門口道別的時候，回想幾個月來切磋商討的樂趣，大家都有點依依之情。

後記

簽約撰寫這樣一本小書，應是六、七年前的事了。簽了合約，領了稿費，並沒立即動筆，好像應付手邊瑣事就用盡了所有時間，寫書的任務，暫且擱下。八十二年十月突然接到通知，必須在次年一月底以前繳稿。既然拿了稿費，就有履行合約的義務，知道不能再拖，只得集中精神，全力以赴，除了教書，只做這一件事，幾乎天天都熬夜打拼。撰寫期間，周樑楷教授不時給予鼓勵，並提供許多寶貴意見，至為感謝。

八十三年一月底將稿子繳上後，心想也許暑期中學教師進修班的學員就能看到，上課的時候可以請他（她）們多多批評，給點意見。沒料到此後全無音訊，一年、兩年過去了，一點消息都沒有，我多次打聽，也是不得要領，回答總是，我們也很急，我們在催呀！直到今年（八十六年）初，接獲幼獅書局電話，表示有意出版此稿，但仍需與教育部商量，先問一下我的意見。雖然幼獅書局與教育部未能談妥，卻告知我可以向教育部去函要回書稿，自謀出版。感謝教育部中教司答應了我的請求，允許我將書稿收回；更感謝三民書局編輯部，應允出版這部稿子，而且在很短的時間內完成許多煩雜的工作，讓這本小書得以早些與中學教師見面。

從繳稿到開始準備出版，足足等了三年半的時間，如果這本小書對中學歷史教師有點幫助，可以推動一點點教學改進工作的話，蹉跎浪費了一段不算太短的時間，著實有點可惜。在我而言，三年的時間，多讀了一些歷史教學方面的論著，多參加了一些有關的研討活動，觀念和想法多少也有點不同。再說，實際情況與三年前並不全然相同，如果現在來寫，想要傳達的訊息和理念，大概會有若干不一樣的地方吧！

書稿寫得倉促，不妥之處在所難免，請讀者多予指正。更希望讀者喜歡這種另類的討論歷史教學的寫法。

三民叢刊書目

㉖作家與作品　謝冰瑩著
㉗冰瑩書信　謝冰瑩著
㉘冰瑩遊記　謝冰瑩著
㉙冰瑩憶往　謝冰瑩著
㉚冰瑩懷舊　謝冰瑩著
㉛與世界文壇對話　鄭樹森著
㉜捉狂下的興嘆　南方朔著
㉝猶記風吹水上鱗
・錢穆與現代中國學術　余英時著
㉞形象與言語
・西方現代藝術評論文集　李明明著
㉟紅學論集　潘重規著
㊱憂鬱與狂熱　孫瑋芒著
㊲黃昏過客　沙　究著
㊳帶詩蹺課去　徐望雲著
㊴走出銅像國　龔鵬程著
㊵伴我半世紀的那把琴　鄧昌國著
㊶深層思考與思考深層　劉必榮著
㊷瞬　間
・轉型期國際政治的觀察　周志文著
㊸兩岸迷宮遊戲　楊　渡著
㊹德國問題與歐洲秩序　彭滂沱著
㊺文學關懷　李瑞騰著
㊻未能忘情　劉紹銘著
㊼發展路上艱難多　孫　震著
㊽胡適叢論　周質平著
㊾水與水神
・中國的民俗與人文　王孝廉著
㊿由英雄的人到人的泯滅
・法國當代文學論集　金恆杰著
51重商主義的窘境　賴建誠著
52中國文化與現代變遷　余英時著
53橡溪雜拾　思　果著
54統一後的德國　郭恆鈺主編
55愛廬談文學　黃永武著
56南十字星座　呂大明著
57重疊的足跡　韓　秀著
58書鄉長短調　黃碧端著
59愛情・仇恨・政治
・漢姆雷特專論及其他　朱立民著

⑥⓪蝴蝶球傳奇　顏匯增著
・真實與虛構
⑥①文化啓示錄　南方朔著
⑥②日本這個國家　章　陸著
⑥③在沉寂與鼎沸之間　黃碧端著
⑥④民主與兩岸動向　余英時著
⑥⑤靈魂的按摩　劉紹銘著
⑥⑥迎向眾聲　向　陽著
・八〇年代臺灣文化情境觀察
⑥⑦蛻變中的臺灣經濟　于宗先著
⑥⑧從現代到當代　鄭樹森著
⑥⑨嚴肅的遊戲　楊錦郁著
・當代文藝訪談錄
⑦⓪甜鹹酸梅　向　明著
⑦①楓　香　黃國彬著
⑦②日本深層　齊　濤著
⑦③美麗的負荷　封德屏著
⑦④現代文明的隱者　周陽山著
⑦⑤煙火與噴泉　白　靈著

⑦⑥七十浮跡　項退結著
・生活體驗與思考
⑦⑦永恆的彩虹　小　民著
⑦⑧情繫一環　梁錫華著
⑦⑨遠山一抹　思　果著
⑧⓪尋找希望的星空　呂大明著
⑧①領養一株雲杉　黃文範著
⑧②浮世情懷　劉安諾著
⑧③天涯長青　趙淑俠著
⑧④文學札記　黃國彬著
⑧⑤訪草（第一卷）　陳冠學著
⑧⑥藍色的斷想　陳冠學著
・孤獨者隨想錄
⑧⑦追不回的永恆　彭　歌著
A・B・C全卷
⑧⑧紫水晶戒指　小　民著
⑧⑨心路的嬉逐　劉延湘著
⑨⓪情書外一章　韓　秀著
⑨①情到深處　簡　宛著
⑨②父女對話　陳冠學著

⑨③陳冲前傳	嚴歌苓著
⑨④面壁笑人類	祖　慰著
⑨⑤不老的詩心	夏鐵肩著
⑨⑥雲霧之國	合山　究著
⑨⑦北京城不是一天造成的	喜　樂著
⑨⑧兩城憶往	楊孔鑫著
⑨⑨詩情與俠骨	莊　因著
⑩⓪文化脈動	張　錯著
⑩①桑樹下	繆天華著
⑩②牛頓來訪	石家興著
⑩③深情回眸	鮑曉暉著
⑩④新詩補給站	渡　也著
⑩⑤鳳凰遊	李元洛著
⑩⑥文學人語	高大鵬著
⑩⑦養狗政治學	鄭赤琰著
⑩⑧烟　塵	姜　穆著
⑩⑨河　宴	鍾怡雯著
⑪⓪滬上春秋	章念馳著
⑪①愛廬談心事	黃永武著
⑪②吹不散的人影	高大鵬著
⑪③草鞋權貴	嚴歌苓著
⑪④是我們改變了世界	張　放著
⑪⑤夢裡有隻小小船	夏小舟著
⑪⑥狂歡與破碎	林幸謙著
⑪⑦哲學思考漫步	劉述先著
⑪⑧說涼	水　晶著
⑪⑨紅樓鐘聲	王熙元著
⑫⓪寒冬聽天方夜譚	保　真著
⑫①儒林新誌	周質平著
⑫②流水無歸程	白　樺著
⑫③偷窺天國	劉紹銘著
⑫④倒淌河	嚴歌苓著
⑫⑤尋覓畫家步履	陳其茂著
⑫⑥古典與現實之間	杜正勝著
⑫⑦釣魚臺畔過客	彭　歌著
⑫⑧古典到現代	張　健著
⑫⑨帶鞍的鹿	虹　影著
⑬⓪人文之旅	葉海煙著

⑬1 生肖與童年　小　民著
⑬2 京都一年　林文月著
⑬3 山水與古典　林文月著
⑬4 冬天黃昏的風笛　呂大明著
⑬5 心靈的花朵　戚宜君著
⑬6 親　戚　韓　秀著
⑬7 清詞選講　葉嘉瑩著
⑬8 迦陵談詞　葉嘉瑩著
⑬9 神樹　鄭　義著
⑭0 琦君說童年　琦　君著
⑭1 域外知音　張堂錡著
⑭2 遠方的戰爭　鄭寶娟著
⑭3 留著記憶・留著光　陳其茂著
⑭4 滾滾遼河　紀　剛著
⑭5 王禎和的小說世界　高全之著
⑭6 永恆與現在　劉述先著
⑭7 東方・西方　夏小舟著
⑭8 嗚咽海　程明琤著

喜　樂圖

⑭9 沙發椅的聯想　梅　新著
⑮0 資訊爆炸的落塵　徐佳士著

⑮1 沙漠裡的狼

白樺 著

像在冷洌的冬夜裡啜飲著濃烈的茶，感受一種在蒼茫大地上，心海澎湃的震顫。那麼地古老、深沈，剎時間，恍若置身廣闊的大漠，一回首，就是長城。這是金鼎獎作家又一直指人性，內容深刻的作品，請您在一個適合沈思的夜晚，漫步中國。

⑮2 風信子女郎

虹影 著

一本能深刻引起讀者共鳴的小說，其必然與人世現實生活有著緊密的關連。本書作者秉持著對人的命運的關切，遠勝於對以往藝術形式的關注，賦予了文學創作的生命。從本書作者對人物刻劃描述的過程中，可窺知作者對此一理念的堅守。

⑮3 塵沙掠影

馬遜 著

生命的旅途中，有許多可掌握的機運，但似乎一半早已註定……。馬遜教授從故鄉到異國求學，最後來臺定居，繼而與佛結了不解之緣。滿懷豐富的情感，細膩的筆觸，深刻的寫下了旅赴歐美等地之點滴情事，而念舊懷恩之情愫亦時時浮現於文中。

⑮4 飄泊的雲

莊因 著

歲月的洗禮，在人們內心深處烙印著痛苦、悲哀、快樂與美好的回憶。由於時代的變動、戰爭的摧折，作者歷盡滄桑的輾轉遷徙，使那些漂流不定、幻化多變的過往，煥發出人生的智慧。就讓我們乘著飄泊的雲，領會「知足常樂，隨遇而安」的生活哲理。

⑮⑤ 和泉式部日記

林文月 譯·圖

本書為日本平安時代文學作品中與《源氏物語》、《枕草子》鼎足而立的不朽之作。書中以簡淨的日記形式，記錄了一段不為俗世所容的戀情。優美的文字，纏綿的情詩，展現出愛情生活中細膩的起伏感受與歡愁，穿越時空，緊扣你我心弦。

⑮⑥ 愛的美麗與哀愁

夏小舟 著

愛情之於女人，常常是引誘飛蛾撲火的明燈，是絢麗的毒花，可女人偏偏渴望愛情。作者列舉許多男女的愛情、婚姻故事，郎才女貌未必幸福，摯情摯愛未必有緣，只是男人與女人之間如同萬物的規則，一物降一物，鹵水點豆腐，魔高一尺，道高一丈。

⑮⑦ 黑月

樊小玉 著

丁小玎隨著所在的中國公司到國外做勞務承包。因為是公司的英語翻譯，加上辦事勤快，見了人又總是一個柔柔和和的笑，於是很快就引起當地大部分男人的注意；而小玎能否在心儀的外交人員與愛慕自己的餐廳老闆間找到最後情感的歸宿？……

⑮⑧ 流香溪

季仲 著

作者透過一群「沿江吉普賽人」在流香溪畔發生的動人故事，牽引出現代觀念與傳統文化的價值矛盾、中日文化的碰撞衝突、人與自然的挑戰，以及善與惡的拉扯等；全書行文時而如行雲流水，時而又如波濤洶湧，讀來意趣盎然，發人深省。

⑮⑨ 史記評賞

賴漢屏 著

司馬遷《史記》一三〇篇，既是「究天人之際，通古今之變」的史學鉅著，也是我國古代傳記文學的精華。本書作者自幼即喜讀《史記》，從師學習，如今蘊藉已深，以其深厚的治學基礎，發為見解獨具的文采丰華，帶領讀者一探《史記》博雅的世界。

⑯⓪ 文學靈魂的閱讀

張堂錡 著

文學的力量使孤寂的心靈得到慰藉，貧乏的人生變得富有，唯有肯駐足品味的人才能透晰其所傳達出最深藏的祕密。本書共分三輯，窺視文學蘊含的殷情深意；感受其求新求變以及對大環境的價值。各自激發不盡的聯想與深沈的感動。

⑯① 抒情時代

鄭寶娟 著

在平淡無奇的生活中，你可曾留意生命中點點滴滴不平凡的小故事？作者以其平實的筆觸，刻劃出看似平凡卻令人難以遺忘的人生軌跡，你我都可能身在其中。書中情節所到之處，或許平凡、或許悲傷，但卻也不時充滿著生命的躍動，值得細細體會。

⑯② 九十九朵曇花

何修仁 著

人生有多少夢境會在現實中重複出現？是山間的樵歌？白雲間的群雁？還是昔日遠方純樸、悠閒的鄉間漫步？作者來自屏東，以濃郁深摯的筆調，縷縷細述人生中最動人的記憶，伴隨你我，步履於南臺灣的舊日情懷，一同感受人間最純摯的情感。

⑯³ 說故事的人

彭歌 著

這是作者多年來觀察文壇、社會與新聞界的肺腑之言。輯一故事與小說自不同角度探討小說寫作；輯二人與文刻劃出許多已逝人物卓然不凡的風範；輯三海外生涯則寫遊記、觀賞職籃等旅居海外之觀感。讀了此書，彷彿親身經歷了一趟時空之旅。

⑯⁴ 日本原形

齊濤 著

從明治維新以來，日本的一舉一動都對世界有著深遠的影響，尤其對臺灣來說，其影響更是巨大。作者長期旅日，摒除坊間「媚日」或「仇日」的論調，以客觀的描述，剖析日本的現形。對想要了解日本時勢與脈動的人來說，是不得不看的一本好書。

⑯⁵ 從張愛玲到林懷民

高全之 著

作者以嚴謹誠虔的態度，客觀分析的筆調，來評論臺灣當代小說，深深讓讀者了解近代文學的特點，進而深入九位作者的作品中，提供一些深刻的創見，帶領你我欣賞文學的美與實，進而體驗文學對生命喜悅、悲哀等生動的描述。

⑯⁶ 莎士比亞識字不多？

陳冠學 著

莎士比亞識字不多！一直以來被誤認是個偉大的作者。讀過本書，應能還莎士比亞一個清白，他絕對不是一個掠美者。這把聖火在臺灣重新點燃，希望將來這聖火能夠由臺灣再度傳回英國，傳到世界各地，也好讓莎士比亞的靈魂得到真正的安息。

⑯⑦ 情思・情絲

龔華 著

「妳，像野薑花；清香，混合在黎明裏，催我甦醒。沒有妳，我睜不開眼睛，走進陽光的世界。她，是我在黃昏裏，永遠踩不到的影子。像夜來香，惑我走進黑夜的濃郁……」本書集結了龔華在〈中副〉發表的散文，篇篇情意真摯，意境深遠，值得細細品味。

⑯⑧ 說吧，房間

林白 著

一個是離婚、失業的中年婦女，一個是愛熱鬧的單身貴族。兩個背景、個性迥然不同的女子，為何會發展出一段患難與共的交情？且看兩個女子的心情告白。本書在作者犀利細膩的筆調下，深刻描繪出都會女子的愛恨情仇、悲歡離合，值得細細品味。

⑯⑨ 自由鳥

鄭義 著

六四事件的悲憤情緒才剛平復，對八九民運功過的批判聲音竟已隨之響起。對此，大陸流亡作家鄭義，以一幕幕民運歷程與鐵幕紀實，中訴著他的心痛與不平。文中流露對同胞的關懷和自由的嚮往，深深地牽引著每一個中國人心中的沈痛與感動。

⑰⓪ 魚川讀詩

梅新 著

詩是抒情的天堂，但並非每個人都能領會其中的意涵。本書是梅新先生的遺作，首創以雜文式的筆調評論詩作，不依恃理論，反而使篇章更形活潑，有就事論事的評述，也有尖銳的諷喻，語帶機鋒，趣味盎然。引領您一窺知性與感性的詩情世界。

⑰1 好詩共欣賞

葉嘉瑩 著

本書作者葉嘉瑩教授，融會西方接受美學、符號學及中國詩論，來解讀陶淵明、杜甫、李商隱的作品，分析了三人作品的形象、情意和其中所含的隱微深意，並從興發感動讀者的角度來詮釋作品的成功與否，是喜愛古典詩的讀者不可錯過的好書。

⑰2 永不磨滅的愛

楊秋生 著

現代人的生活壓力大，使得人生危機四伏，生活充滿徬徨、疲倦和無力感。如何化解此一危機？作者以多年學佛的體驗，以及和家人朋友互動的點點滴滴，而了解到愛的真義，並希望能將愛分享給每個人，以重燃信心和希望。

⑰3 晴空星月

馬遜 著

大崙山上，晴空萬里，夜色如銀，星月交輝。作者因佛緣，追隨曉雲法師的步履，出掌華梵大學，以發揚佛教教育為己任。本書除叮嚀青年學子的話語外，還有對社會大眾闡發佛法精神的演講。其智慧的話語，如醍醐灌頂，為淨化心靈的一帖良方。

⑰4 風　景

韓秀 著

韓秀，一個出生於紐約，卻長年往返於世界各地的奇女子。在雅典、在開羅、在布達佩斯、在臺北、在高雄、在北京，作者皆能以其敏銳的心觀察她所造訪過的每一寸土地，以其向具纖細的筆觸，使一幅又一幅的動人「風景」躍然出現在您的面前！

⑰⑤ 談歷史　話教學

張元　著

作者以二位高一新生對歷史課程的困惑為引子，藉著師生座談對話的方式，從北京人時代到西晉，針對高中歷史教材，試圖以「史料閱讀」的方法鮮明地建構各代的歷史圖像，在活潑的對白間既談歷史意涵又話歷史教學，相當適合高中教學的參考。

⑰⑥ 兩極紀實

位夢華　著

任何人想要親臨兩極之地恐怕都不是件容易的事。作者因從事研究工作之便，足跡跨越兩極，將在極地所見所聞之動物奇觀、自然景致乃至當地所受文明衝擊，或以幽默輕鬆，或以深沈關懷的筆調娓娓道來，是無緣親至極地的讀者絕不可錯過的佳作。

⑰⑦ 愛是心甘情願

夏小舟　著

世上只有兩種人，男人和女人。然而男女之間的恩愛情仇，卻糾葛難解。本書作者以一篇篇幽默的短篇故事，道盡世間男女的愛恨嗔痴。在她細膩委婉的筆下，愛情的本質和婚姻的面貌都一一呈現，必可帶給你前所未有的感受與體悟。

⑰⑧ 時間的通道

簡宛　著

「人生，是一條時間的通道，每一個人所走的方向和目標雖然不一樣，但是經過的路程卻是相似的……」當人們沈溺於歲月不待人的迷茫和感嘆時，作者平實的筆調將帶著我們對生活多用一點心思和一點執著，會使我們的「通道」裏，留下一點痕跡。

國家圖書館出版品預行編目資料

談歷史 話教學／張元著.--初版.--臺北市：三民，民87
面；　公分.--(三民叢刊;175)
ISBN 957-14-2233-9 (平裝)

1.中等教育-教學法
2.中國-歷史-教學法

524.34　　86056147

網際網路位址　http://www.sanmin.com.tw

© 談歷史　話教學

著作人　張　元
發行人　劉振強
著作財產權人　三民書局股份有限公司
臺北市復興北路三八六號
發行所　三民書局股份有限公司
地　址／臺北市復興北路三八六號
電　話／二五〇〇六六〇〇
郵　撥／〇〇〇九九九八——五號
印刷所　三民書局股份有限公司
門市部　復北店／臺北市復興北路三八六號
重南店／臺北市重慶南路一段六十一號
初　版　中華民國八十七年二月
二　刷　中華民國八十九年四月
編　號　S 61021
基本定價　肆元貳角
行政院新聞局登記證局版臺業字第〇二〇〇號

ISBN 957-14-2233-9 (平裝)

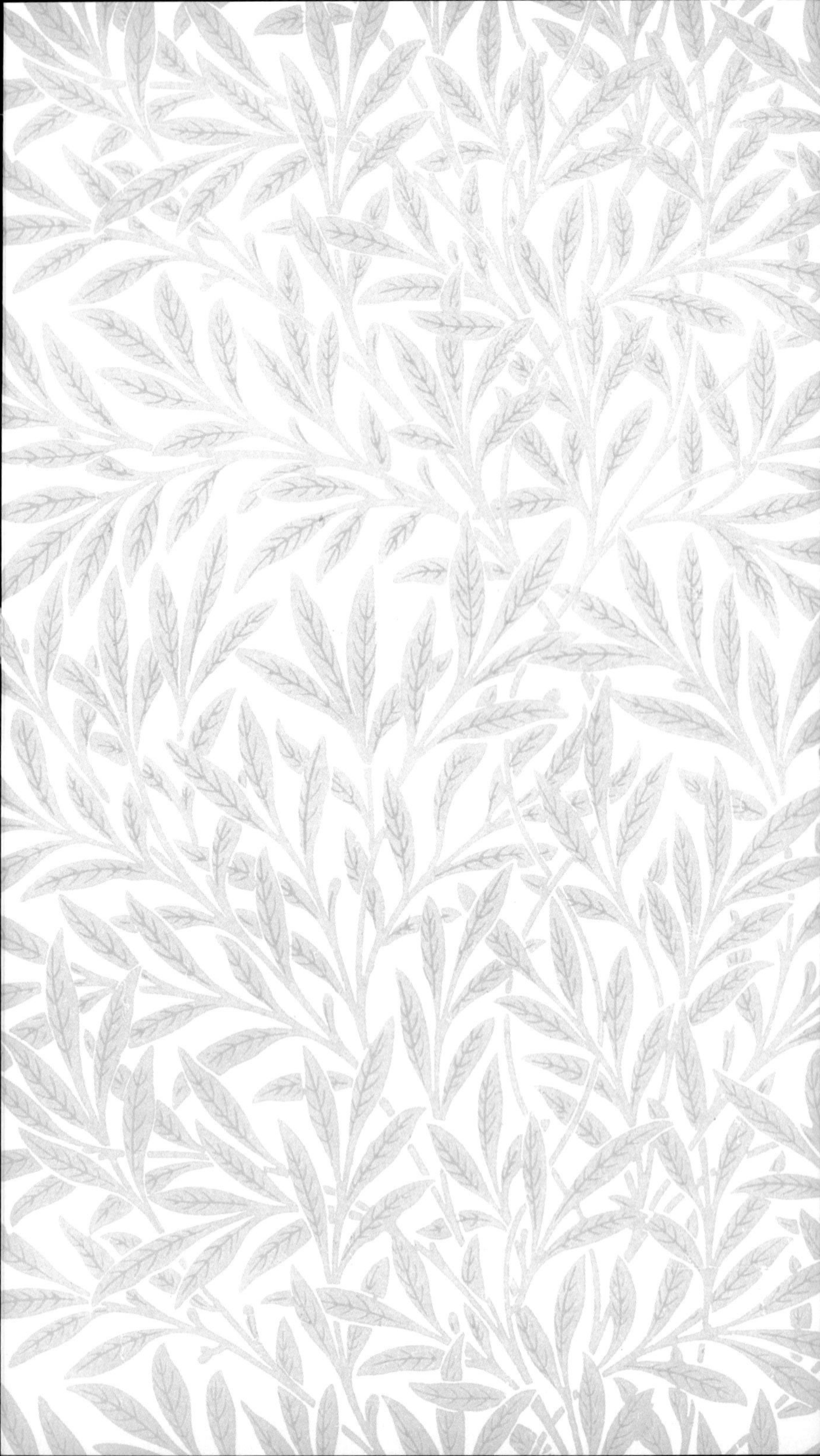